Gesa Büttner

Dolmetschvorbereitung digital

Klaus-Dieter Baumann / Hartwig Kalverkämper / Klaus Schubert (Hg.)
TransÜD.
Arbeiten zur Theorie und Praxis des Übersetzens und Dolmetschens
Band 115

Gesa Büttner

Dolmetschvorbereitung digital

Professionelles Dolmetschen und DeepL

Frank & Timme
Verlag für wissenschaftliche Literatur

Umschlagabbildung: Ponts Couverts in Straßburg © Netfalls – stock.adobe.com

ISBN 978-3-7329-0750-2
ISBN E-Book 978-3-7329-9217-1
ISSN 1438-2636

Herstellung durch Frank & Timme GmbH,
Wittelsbacherstraße 27a, 10707 Berlin.
Printed in Germany.
Gedruckt auf säurefreiem, alterungsbeständigem Papier.

www.frank-timme.de

Inhaltsverzeichnis

Abkürzungsverzeichnis

AS	Ausgangssprache
AT	Ausgangstext
CAI	Computer-Assisted Interpreting
CAT-Tool	Computer-Assisted Translation Tool
CIA	Central Intelligence Agency
HT	Human Translation
MI	Machine Interpreting
MSV	Maximum Score Value
MT-Tool	Machine Translation Tool
MÜ	Maschinelle Übersetzung
MÜS	Maschinelles Übersetzungssystem
NMÜS	Neuronales maschinelles Übersetzungssystem
OQS	Overall Quality Score
PE	Post-Editing
RI	Remote Interpreting
RNN	Rekurrente neuronale Netzwerke
RSS	Really Simple Syndication
TVT	tension free vaginal tape
ZS	Zielsprache
ZT	Zieltext

Abbildungsverzeichnis

Tabellenverzeichnis

Hinweis

Aus Gründen der besseren Lesbarkeit wird in dieser Arbeit verallgemeinernd das generische Maskulinum verwendet. Diese Formulierungen umfassen gleichermaßen Personen, die sich dem männlichen, weiblichen oder diversen Geschlecht zugehörig fühlen.

1 Einleitung

Eine erfolgreiche und qualitativ hochwertige Dolmetschleistung erfordert eine umfangreiche und detaillierte Vorbereitung des Dolmetschers auf zahlreichen Ebenen. Die Vorbereitungsarbeit spielt somit eine zentrale Rolle in der Arbeit des Dolmetschers und beeinflusst die Qualität der Verdolmetschung maßgeblich (vgl. Kutz 2010: 287). Sind umfassendes Vorbereitungsmaterial und ausreichend Zeit vorhanden, kann sich der Dolmetscher intensiv auf den Einsatz vorbereiten und sich ausführlich in Themengebiete einlesen, Informationen einholen, Terminologie recherchieren, Glossare anlegen, zur Verfügung gestelltes Vorbereitungsmaterial wie ausformulierte Redemanuskripte oder Präsentationen vorab übersetzen oder für die Verwendung in der Dolmetschkabine aufbereiten.

Diese vorbereitenden Tätigkeiten beanspruchen kostbare Zeit. Ein selbstständiger und infolgedessen ökonomisch denkender Dolmetscher versucht daher konstant, die eigenen Arbeitsabläufe zu optimieren und somit seine Zeit möglichst wertschöpfend zu nutzen. Durch die wachsende Berufserfahrung und zunehmende Routine werden einige Vorbereitungsschritte automatisiert und nehmen im Laufe der Jahre kontinuierlich weniger Zeit in Anspruch (vgl. Kutz 2010: 318). Einer der Gründe hierfür ist, dass bereits bearbeitetes Material oder Glossare wiederverwendet werden können. Zudem erweitern und festigen sich Sprachkenntnisse mit zunehmender Praxiserfahrung und sind somit vor jedem Einsatz leichter zu aktivieren.

Durch eine Spezialisierung des Dolmetschers oder beim vermehrten Dolmetschen für Stammkunden wird wiederholt in demselben Fachgebiet gearbeitet, was die Vorbereitungszeit im Laufe der Jahre verkürzt, weil die mentale Konditionierung in diesen Gebieten bereits vorliegt (vgl. Kutz 2010: 287).

Neben der Berufserfahrung und Routine, deren Erwerb mehrere Jahre dauern kann, können verschiedene Hilfsmittel genutzt werden, um den Zeitaufwand in der Vorbereitungsarbeit möglichst gering zu halten. Insbesondere bei der Übersetzung des zur Verfügung gestellten Vorbereitungsmaterials und dessen Aufbereitung für die Verwendung während des Dolmetscheinsatzes kann auf eine Bandbreite an technologischen Errungenschaften zurückgegriffen werden. Erwähnenswert ist an dieser Stelle die maschinelle Übersetzung als Technologie, die zwar bereits seit langer Zeit bekannt ist, mit der jedoch erst in den letzten Jahrzehnten durch die erhöhte Rechenleistung moderner Computer gute Ergebnisse erzielt werden konnten. Insbesondere mit der neuronalen maschinellen Übersetzung konnte durch die neuesten Entwicklungen im Bereich des maschinellen Lernens eine noch nie dagewesene Übersetzungsqualität erreicht werden (vgl. Fantinuoli 2018: 6). In Anbetracht dieser technischen Fortschritte ergibt sich die Fragestellung, ob und wie der Dolmetscher sich dieses Werkzeug in seiner Vorbereitungsarbeit zu Nutze machen und infolgedessen mehr ökonomische Effizienz schaffen kann.

Gegenstand dieser Arbeit ist es, zu erarbeiten, in welchen Fachbereichen das neuronale maschinelle Übersetzungstool „DeepL" eine so gute Übersetzungsqualität erreicht, dass die Verwendung des Programms im Kontext der Dolmetschvorbereitung in Betracht gezogen werden kann. Zur Beantwortung dieser Forschungsfrage wird der Dolmetschpraxis entnommenes Vorbereitungsmaterial aus den Fachbereichen Recht, Literatur und Medizin mithilfe von DeepL aus der deutschen in die englische Sprache übersetzt und die angefertigten Translate auf ihre Qualität untersucht und verglichen. Im Kontext dieser Arbeit wird von Deutsch als Muttersprache und Englisch als Fremdsprache ausgegangen. Um die Qualität der angefertigten Translate den außergewöhnlichen Anforderungen einer Dolmetschsituation entsprechend angemessen bewerten zu können, werden die Texte auf dolmetschtechnisch relevante Aspekte untersucht und nicht nach den klassischen Parametern zu Übersetzungsbewertung beurteilt, da diese den besonderen Anforderungen der Dolmetschsituation nicht gerecht werden können.

Zur Beantwortung der Forschungsfrage werden zunächst in den Kapiteln 2 bis einschließlich 5 die Bereiche der Dolmetschvorbereitung und der maschinellen Übersetzung behandelt, dies bildet das theoretische Fundament der vorliegenden Arbeit. Anschließend werden die Daten und Methoden, die zur Erreichung des Ziels benötigt werden, vorgestellt. Hierzu gehört zunächst die Auswahl und Situierung der Korpustexte in Kapitel 6. Darauf folgt die Erörterung der Werkzeuge zur Bewertung der Übersetzungen, dazu gehören das Bewertungsschema „Multidimensionale Qualitätsmessung“ (MQM) in Kapitel 7, die Erfassung von dolmetschspezifischen Schwierigkeiten in Kapitel 8 und die textuelle Vorbereitung auf den Dolmetscheinsatz in Kapitel 9. Dieser Erörterung folgt in Kapitel 10 eine umfassende Ergebnisanalyse, in der die gewonnenen Daten vorgestellt werden. In dem darauffolgenden Diskussionsteil, Kapitel 11, werden die erhobenen Daten in den Kontext der Fragestellung gesetzt und reflektiert. Abgeschlossen wird die Arbeit durch ein Fazit, in dem der Zusammenhang zwischen den gewonnenen Ergebnissen und der ursprünglichen Fragestellung hergestellt wird.

2 Dolmetschvorbereitung

Der Prozess der Dolmetschvorbereitung ist ein wichtiger Aspekt der vorliegenden Arbeit, da die Verwendung eines neuronalen maschinellen Übersetzungssystems (NMÜS) im Rahmen der Dolmetschvorbereitung betrachtet wird. Aus diesem Grund wird die Dolmetschvorbereitung im theoretischen Teil dieser Arbeit mit besonderem Fokus auf zwei Hauptthemen betrachtet. Zunächst wird die Dolmetschvorbereitung nach Kutz aus dem Leipziger Kompetenzmodell vorgestellt, welche die theoretische Grundlage zur Strukturierung der Vorbereitungsarbeit darstellt. Als zweiter Punkt der Dolmetschvorbereitung wird der Honorarkalkulation für den Dolmetschauftrag Aufmerksamkeit zuteil kommen.

Im Zuge der Vorbereitung wird die Dolmetschkompetenz vor jedem Einsatz in allen wesentlichen Kompetenzbereichen konditioniert, da besonders während der Verstehens- bzw. Rezeptionsleistung das Fachwissen des Dolmetschers entscheidend ist (vgl. Kutz 2010: 287).

Die Vorbereitung kann sich als schwierig erweisen, besonders, wenn wenig Zeit für ein kompliziertes und unbekanntes Fachgebiet zur Verfügung steht. Der Dolmetscher muss sich in kürzester Zeit einlesen, die Thematik verstehen, sämtliche Termini erschließen, diese mit Entsprechungen versehen, sich ebengleiche einprägen und zur Verfügung gestelltes Vorbereitungsmaterial übersetzen. Jedoch gibt es Fälle in der Praxis, in denen durch bestimmte Umstände wie die Arbeit für Stammkunden oder die Festanstellung in Ämtern, Ministerien und europäischen Institutionen eine Routine gegeben ist und die Vorbereitung entsprechend weniger intensiv zu betreiben ist (vgl. Kutz 2010: 287).

2.1 Vorbereitung auf den Dolmetscheinsatz nach Kutz

Im Hinblick auf die Forschungsabsicht dieser Arbeit ist es sinnvoll, bereits im theoretischen Teil zu skizzieren, in welchem Moment des Dolmetschvorbereitungsprozesses ein NMÜS eingesetzt werden könnte. Für die Einteilung des gesamten Vorbereitungsprozesses in einzelne Schritte dient das Leipziger Kompetenzmodell nach Kutz (2010) als Grundlage.

Das Modell wurde entwickelt, um den Dolmetschprozess transparent zu beschreiben, und diese Beschreibung anschließend für die praktische Ausbildung der Dolmetscher didaktisieren zu können. Auch heute bildet das Modell die methodologische Grundlage für die Vorlesungen und Seminare des Fachs „Dolmetschwissenschaften". Das Modell basiert auf sieben Grundannahmen, die zum Nachvollziehen des Sinns und der Logik des Modells dienen (vgl. Kutz 2010: 196). Sie sind allerdings für die Verwendung des Modells im Rahmen dieser Arbeit weniger relevant und werden daher an dieser Stelle nicht weiter berücksichtigt.

Für diese Arbeit relevant hingegen sind die notwendigen Schritte der Dolmetschvorbereitung, die „die translatorische Handlungsbefähigung für einen Dolmetscheinsatz mit spezifischer thematischer und kommunikativer Charakteristik" bewirken sollen (Kutz 2010: 289). Zu ihnen gehören nach Kutz insgesamt neun Vorbereitungsschritte (vgl. 2010: 319–320), die nachfolgend kurz erörtert werden sollen.

1. *Die organisatorische Vorbereitung*
2. *Die fachthematische Vorbereitung*
3. *Die sprachliche Vorbereitung*
4. *Die translatorische Vorbereitung*
5. *Die eigentliche Vorbereitung*
6. *Die textuelle Vorbereitung*
7. *Die kommunikative Vorbereitung*
8. *Die psychologische Vorbereitung*
9. *Die physiologische Vorbereitung*

Zu der **organisatorischen Vorbereitung** gehören unter anderem die Annahme des Auftrages, die Wahl der Vermittlung, das Aushandeln der Arbeitsbedingungen und der Vergütung sowie die Beschaffung von Vorbereitungsmaterial. Die **fachthematische Vorbereitung** beinhaltet die Auseinandersetzung mit der

Fachthematik des Auftrages, hierzu wird empfohlen, sich sternenweise[1] einzulesen, bis ein Grundverständnis des Themas und ein Grundwissen über den Status quo vorhanden sind. Zu der **sprachlichen Vorbereitung** gehört die Erstellung von Glossaren und Vokabellisten sowie die Aktivierung der betreffenden Sprachschicht. Die **translatorische Vorbereitung** umfasst das Suchen und Finden von Entsprechungen für die Begriffe in den Glossaren mithilfe von fremdsprachlicher Literatur und dem Internet. Im Rahmen der **eigentlichen Dolmetschvorbereitung** werden Übungen zur Verbesserung der Dolmetschtechnik wie dem Dolmetschen vom Blatt und dem vergleichenden Dolmetschen vom Blatt ausgeführt (vgl. Kutz 2010: 319). Die **textuelle Vorbereitung** beinhaltet die intensive Auseinandersetzung mit vorhandenem Textmaterial. Die Art und Weise wie sich die textuelle Vorbereitung an den maschinell erstellten Übersetzungen ausführen lässt, wird einen Bewertungsparameter in dieser Arbeit darstellen. Daher wird die textuelle Vorbereitung an dieser Stelle ausführlicher erläutert als die übrigen acht Schritte. Im Rahmen der textuellen Vorbereitung sollte sich der Dolmetscher zunächst sowohl mit der Überschrift des Textes als auch mit dem Redner selbst, seiner Aussageabsicht, oder dem Betrieb beziehungsweise der Organisation, der er entstammt, beschäftigen. Durch diese kommunikative Verarbeitung der Schlüsselbegriffe der Überschrift kann ein kommunikatives Erwartungsschema aufgebaut werden. Unter einem kommunikativen Erwartungsschema versteht Kutz die Hypothese hinsichtlich der Interessenkonstellation der Redner und der weiteren Entwicklung der Kommunikation, die als mentale Orientierungsgrundlage für den Dolmetschprozess, bestehend aus Rezeption, Transposition und Reproduktion, dient (vgl. Kutz 2010: 334–357). Neben der kommunikativen Verarbeitung der Überschrift werden in der textuellen Vorbereitung Verben im Text unterstrichen und, wenn nötig, neu verortet. Des Weiteren werden Komposita zerlegt und die semantisch wichtigen Teile unterstrichen. Zudem ist es hilfreich, den Aussagekern eines jeden Absatzes, den sogenannten Basissachverhalt, zu verstehen und zu markieren, wenn möglich mit einem Kreis, damit dieser gut und unmittelbar erkennbar ist. Ebenso wie die Hauptaussage der gesamten Rede, das

---

1 „[…] bezeichnet das systematische Einlesen vom Allgemeinen zum Konkreten ins Detail bis die wichtigsten Grundlagen verstanden wurden […]“ (Kutz 2010: 301).

sogenannte Redetext-Rhema, verstanden und gekennzeichnet werden sollte (vgl. Kutz 2010: 321). Redundante Satzstellen sind durch eine Wellenlinie oder ein vergleichbares Symbol am Dokumentenrand zu vermerken. Beinhaltet der Text schwierige Vokabeln, die dem Dolmetscher auch nach mehrfachem Versuch des Einprägens stets entfallen, sind diese am Dokumentenrand zu notieren. Bei diesem Vorbereitungsschritt ist es empfehlenswert, die Vokabeln vollständig auszuschreiben und keine Abkürzungen zu verwenden, da diese in einer Stresssituation wie dem Simultandolmetschen möglicherweise nicht sofort erkannt werden können und das Entschlüsseln der verwendeten Abkürzungen wertvolle kognitive Kapazitäten verschlingen kann. Verfügt der Dolmetscher über ausreichend Vorbereitungszeit, kann er über die Vokabelliste hinaus eine Liste mit häufig auftretenden Begriffen aus dem Fachbereich anfertigen. Diese kann beispielsweise beteiligte Organisationen, Abkürzungen, Namen etc. beinhalten. **Die kommunikative Vorbereitung** umfasst den Aufbau eines Erwartungsschemas und die Bestimmung des Diskurstyps und der damit einhergehenden Diskurserwartung. Unter der **psychologischen Vorbereitung** wird die Pflege der psychologischen Gesundheit, Umgang mit Nervosität und Aufregung verstanden. Die **physiologische Vorbereitung** bezieht sich auf die körperliche Verfassung und Gesundheit des Dolmetschers. Um diese zu erhalten ist ein gesunder Lebensstil wesentlich, ebenso wie ausreichend Schlaf vor dem Dolmetscheinsatz selbst (vgl. Kutz 2010: 320).

Sowohl im Rahmen der translatorischen Vorbereitung als auch der textuellen Vorbereitung wäre die Verwendung eines neuronalen maschinellen Übersetzungssystems denkbar. Eine Einsatzmöglichkeit wäre beispielsweise, das zur Verfügung gestellte Textmaterial im translatorischen Vorbereitungsschritt zunächst maschinell und somit zeitsparend zu übersetzen um anschließend die textuelle Vorbereitung wie an einem herkömmlichen Text, sei es mutter- oder fremdsprachlich, an der maschinell erstellten Übersetzung durchzuführen. Dieses für den Simultandolmetscheinsatz aufbereitete Material kann mit in die Kabine genommen werden und eine Hilfe für den Dolmetscher während des Einsatzes darstellen.

Eine zusätzliche Relevanz bekommt das Thema der neuronalen maschinellen Übersetzung im Kontext der Dolmetschvorbereitung bei Betrachtung des Zeitpunktes der Vorbereitung, denn dieser kann variieren. Die Vorbereitung kann sowohl vor Beginn der gedolmetschten Veranstaltung als auch während oder danach in Form einer Nachbereitung erfolgen (vgl. Kutz 2010: 288). Die Vorbereitung vor Beginn der Veranstaltung kann entweder langfristig und ohne Zeitdruck erfolgen oder aber kurzfristig, unmittelbar vor Beginn des zu dolmetschenden Ereignisses (vgl. Kutz 2010: 289). Viele Dolmetscher sehen sich in der Praxis sicherlich häufiger mit Letzterem konfrontiert. Denn die zeitnahe Beschaffung von Textmaterial gestaltet sich durch die Abhängigkeit von zahlreichen Faktoren nicht immer als leicht. Der Gedanke, ein Programm zu verwenden, welches bei der Bearbeitung von kurzfristig zur Verfügung gestelltem Material unterstützt, ist folglich in mehrfacher Hinsicht attraktiv.

2.2 Honorarkalkulation des Dolmetschers

An dem Leipziger Kompetenzmodell lässt sich bereits erkennen, wie umfangreich und zeitintensiv die Einsatzvorbereitung sein kann (vgl. Kutz 2010: 287). Der Dolmetscher muss aus arbeitsökonomischen Gründen die Länge der Vorbereitungszeit einschätzen und bestimmen, da diese, wenn überhaupt, nur begrenzt vergütet wird (vgl. Kutz 2010: 318). In der Praxis wird das Honorar in der Regel bei jedem Kunden neu verhandelt und variiert so von Auftrag zu Auftrag (Dettmann 2004 zitiert nach Kutz 2010: 269). Neben dem Tagessatz selbst müssen allerdings auch andere Bedingungen, die sich auf den Umsatz des Dolmetschers auswirken, verhandelt werden. So sind bei der Annahme eines Dolmetschauftrages unter anderem auch die Vergütung für die Anreisezeit, Reisekosten, tägliche Arbeitszeit, Bezahlung der Unterkunft, Verpflegung, Vorbereitungspauschale, Sonderleistungen, Schadensersatzleistungen festzulegen (vgl. Kutz 2010: 264).

Besonders für Absolventen und Berufseinsteiger kann die Verhandlung dieser Faktoren durchaus überwältigend erscheinen. Den Wert der aufgewendeten Arbeit und Zeit zu verstehen und nicht zu unterschätzen, ist entscheidend, nicht nur für jeden Dolmetscher selbst, sondern für den gesamten Markt. Aus diesem Grund erarbeitete die Association Internationale des Interprètes de Conférence (AIIC)-Arbeitsgruppe „Honorarstrukturen" im November 2011 vorläufige Schlussfolgerungen zu der Frage, wie ein Konferenzdolmetscher seinen Lebensunterhalt sichert. Ausschnitte dieser Handreichung geben Aufschluss darüber, welcher Stundensatz die aufgewendete Lebenszeit des Dolmetschers aufwiegen und den Lebensunterhalt sichern kann. Die Angaben der Arbeitsgruppe basieren auf Erfahrungswerten mehrerer analysierter Regelfälle, Stand 2010 (vgl. Ziegler 2011: 1)

Die Erörterung des benötigten Stundensatzes basiert auf einer Modellrechnung, die in Tabelle 1 dargestellt ist.

Tabelle 1: Ermittlung Nettoeinkommen

Jahresumsatz	80.000 € bis 100.000 €
Abzugsfähige Kosten	- 30.000 €
Zu versteuerndes Einkommen	**= 50.000 € bis 70.000 €**
Steuern inkl. Solidaritätszuschlag	-13.553,58 € bis 22.395,54 €
Nicht abzugsfähige Altersvorsorge	-5.000 €
Nicht absetzbare Versicherungen	-5.000 €
Vermögens- und Rücklagenbildung	-5.000 €
Nettoeinkommen für private Konsumausgaben	**= 21.446 € bis 32.604 €**

Quelle: In Anlehnung an Ziegler, 2011, S. 1

Anhand dieser Modellrechnung wird der Stundensatz wie folgt ermittelt: Es wird von einer 40-Stunden-Woche mit fünf Wochen Urlaub und zwei Wochen Krankheit ausgegangen. Dadurch ergeben sich 1800 Arbeitsstunden pro Jahr. Etwa ein Drittel dieser Stunden werden nicht direkt vom Kunden bezahlt, da sie für Verwaltung, Steuern, Werbung, Netzwerken, Fortbildung etc. verwendet werden. Daher ist von 1200 Arbeitsstunden pro Jahr auszugehen. Um den zuvor genannten Jahresumsatz aus der Modellrechnung zu erreichen, müssen diese 1200 Arbeitsstunden mit einem Stundensatz von 67–84 € entlohnt werden (vgl. Ziegler 2011: 1).

Weiter wird in der Handreichung der AIIC-Arbeitsgruppe ein Beispielszenario für einen Dolmetscheinsatz aufgeführt:

Ginge man von einem Tagessatz von 750 € für einen Einsatz von 9 bis 16 Uhr inklusive zwei Stunden Anreise sowie vier Stunden Vorbereitung aus, ergäbe sich ein Stundensatz von 58 €. Dies wäre entsprechend der vorherigen Modellrechnung zu wenig, um einen Lebensunterhalt nachhaltig zu sichern. Die Rechnung wird mit expliziter Aufmerksamkeit auf die Vorbereitungszeit weitergeführt: Würde die Vorbereitungszeit für diesen Einsatz völlig entfallen, läge der Stundensatz bei 83 €. Jedoch ist dies ein sehr seltenes bis unwahrscheinliches Szenario (vgl. Ziegler 2011: 1). Das demonstriert dennoch deutlich, welche Auswirkung die aufgewendete Vorbereitungszeit auf den Stundenlohn hat und dass es durchaus förderlich ist, die Vorbereitungsarbeit zu optimieren, indem die aufgewendete Zeit zu verkürzt wird.

3 Simultandolmetschen in die Fremdsprache

In dem Forschungsszenario dieser Arbeit wird vom Simultandolmetschmodus aus der deutschen Sprache als Muttersprache in die englische Sprache als Fremdsprache ausgegangen, daher soll das Simultandolmetschen in die Fremdsprache in übersichtlicher Form nähere Betrachtung finden.

Das Simultandolmetschen als solches kann in einfachen Worten ausgedrückt „als die unmittelbare mündliche Übertragung einer gesprochenen Information von einer Ausgangssprache (AS) in eine Zielsprache (ZS) beschrieben werden" (Chabasse 2009: 59). Während des komplexen Prozesses des gleichzeitigen Verstehens der gehörten Informationen und deren unmittelbare Formulierung in der Zielsprache nimmt der Dolmetscher gleichzeitig Hörer- und Sprecherrolle ein (vgl. Chabasse 2009: 59–60).

Es ist plausibel, dass Prozesse wie das Verstehen während des Simultandolmetschens nicht dem Verstehen während einer normalen Kommunikationssituation gleichen, da der Dolmetscher umgehend Gehörtes verbalisieren muss, bevor er alle Verstehenselemente akustisch aufgenommen hat. Um trotzdem vollständig dolmetschen zu können, muss der Dolmetscher bewusst Strategien wie das Antizipieren anwenden. Anders als in der Linguistik bedeutet der Begriff Antizipieren im Dolmetschkontext, dass sich der Dolmetscher sprachlich festlegt, bevor er über die Gesamtheit der Botschaft verfügt (vgl. Chabasse 2009: 59–60). Er schlussfolgert somit aus den bereits gehörten Informationen unter Einbeziehung seines Wissens auf Äußerungen, die der Redner als nächstes tätigen könnte und nimmt noch nicht Gesagtes vorweg (vgl. Kalina 1998: 85–86). Dies kann zum einen auf sprachlicher Ebene geschehen und zum anderen auf kontextueller Ebene. Bei der Antizipation auf sprachlicher Ebene leitet sich der Dolmetscher die potenziell folgenden Inhalte durch semantische, syntaktische und grammatikalische Regeln ab. Zudem erleichtern verinnerlichte idiomatische Wendungen oder Kollokationen die Antizipation, während bei der Antizipation auf kontextueller Ebene aus dem Kontext die potenziell folgenden Inhalte abgeleitet werden (vgl. Gile 2009: 173–174).

Besonders bei der Verdolmetschung aus der deutschen Sprache gestaltet sich die Antizipation als herausfordernd. Das Verb wird in der Regel am Ende des Satzes genannt und zwingt den Dolmetscher dazu, mit der Formulierung zu beginnen, bevor er das für die Kernbotschaft relevante Verb hört, um die einzelnen Sinneinheiten nicht zu vergessen. An dieser Stelle greift die terminologische und insbesondere die inhaltliche Einarbeitung in das betreffende Fachgebiet. Eine fundierte Allgemeinbildung und die während der Vorbereitungsarbeit erworbenen Kenntnisse sind wichtig für das Verstehen (vgl. Chabasse 2009: 59–60).

Für den Erfolg seiner Leistung braucht der Dolmetscher neben Strategien wie der Antizipation eine starke mutter- und fremdsprachliche Kompetenz. Die muttersprachliche Kompetenz, die oft als instinktiv vorhanden eingestuft wird, besteht aus dem sicheren Umgang mit Rechtschreibung und Grammatik sowie aus einem vielfältigen Wortschatz und Repertoire an Stilmitteln. In Bezug auf die fremdsprachliche Kompetenz gibt die Definition der Kompetenzskala einen Überblick. In der Skala wird zwischen der **elementaren Sprachverwendung (A1–A2)**, der **selbstständigen Sprachverwendung (B1–B2)** und der **kompetenten Sprachverwendung unterschieden (C1–C2)**. Für die Sicherstellung einer qualitativ hochwertigen Dolmetschleistung sollte ein Niveau zwischen C1 und C2 gegeben sein, wenn gleich unter bestimmten Umständen B1–B2 genügen kann (vgl. Chabasse 2009: 59–60). Das tiefgründige Verständnis seiner Arbeitssprache ermöglicht es dem Dolmetscher mit möglichen Unterschieden in der Sprachwahrnehmung, dem Erfassen von Wörtern, sprachenabhängigen grammatikalischen Redundanzen, unterschiedlichen syntaktischen Strukturen, soziolingualen Unterschieden, Differenzen in der Sprachproduktion, und kulturspezifischen Schwierigkeiten, umzugehen (vgl. Gile 2009: 194–198). Insbesondere die deutsche Sprache beinhaltet Redundanzen und komplexe syntaktische Strukturen mit Einschüben, die es für die Verdolmetschung in die englische Sprache anzupassen gilt (vgl. Gile 2009: 195).

Grundvoraussetzung für das Dolmetschen in die Fremdsprache ist zum einen die kompetente Beherrschung der Fremdsprache und zum anderen die Fertigkeit, die einzelnen Elemente unmittelbar aufrufen zu können. Zu diesen Elementen gehören eine große Bandbreite an lexikalischen Einheiten wie Idiome und Fachtermini, ebenso wie grammatikalische, stilistische, pragmatische und andere sprachliche Regeln. Sind die ausgeprägte fremdsprachliche Kompetenz und Abrufbarkeit der einzelnen Komponenten nicht gegeben, hat der Dolmetscher bereits in der Phase, in der er seinen zielsprachlichen Satz plant, Schwierigkeiten. Es wird mehr Zeit in Anspruch nehmen, bis er die passenden Worte und syntaktischen Regeln aus dem Langzeitgedächtnis abrufen kann, was zu Pausen oder Störlauten wie „ehm" führt, was wiederum die Wahrnehmung des Hörers negativ beeinträchtigt. Des Weiteren sind ein zu langsames Dolmetschtempo, grammatikalische Fehler und falsche Satzansätze die Folge. Im schlimmsten Fall führt die mangelnde Fertigkeit, fremdsprachliche Komponenten abrufen zu können dazu, dass der Dolmetscher die ausgangssprachliche Information nicht richtig dolmetscht (vgl. Gile 2009: 223).

Eine weitere Herausforderung der Sprachmittlung und somit auch des Simultandolmetschens in die Fremdsprache ist die sprachliche Anpassung an die kulturspezifischen Normen der zielsprachlichen Kultur (vgl. Reiss und Vermeer 1991: 97). Folglich ist ein Konglomerat an Faktoren, zu denen unter anderem die Bekanntheit der Zielkultur und der Zielsprache gehören, Voraussetzung für eine erfolgreiche Verdolmetschung in die Fremdsprache (vgl.Reiss und Vermeer 1991: 103).

Das Simultandolmetschen in die Fremdsprache ist ein umfangreiches Forschungsfeld, welches aus zahlreichen Perspektiven detaillierter betrachtet werden kann, was allerdings nicht Ziel dieser Arbeit ist. Vielmehr ist es Ziel dieser Arbeit, festzustellen, ob es möglicherweise ein technisches Hilfsmittel gibt, das den Dolmetscher während seiner Vorbereitungsarbeit auf diese komplexe Tätigkeit unterstützt.

4 Maschinelle Übersetzung

In dieser Arbeit werden die Bereiche der Dolmetschvorbereitung und der maschinellen Übersetzung vereint, weshalb auch die maschinelle Übersetzung im theoretischen Teil dieser Arbeit betrachtet wird. Hierzu werden nach einer allgemeinen Begriffserklärung die Anwendungsbereiche der NMÜS behandelt. Daraufhin wird die neuronale maschinelle Übersetzung kurz thematisiert und die am häufigsten verwendeten Systeme vorgestellt.

Die maschinelle Übersetzung vereint verschiedene Wissenschaftsgebiete wie beispielsweise die Linguistik und Informatik. Aufgrund der Fortschritte in diesen Bereichen, insbesondere in der Informatik, konnten auch im Bereich der maschinellen Übersetzung bemerkenswerte Fortschritte erzielt werden. In ihrer kurzen Geschichte wurde die maschinelle Übersetzung zwar schon oft für eine verlorene Sache gehalten, jedoch wurden die Systeme in den letzten Jahren von einfachen Wort-für-Wort-Übersetzungssystemen zu komplexen Programmen, die auf künstlichen neuronalen Netzwerken basieren, entwickelt. Spätestens mit der internationalen Ausbreitung des Internets stieg die Nachfrage nach Rohübersetzungen, weil nun nicht nur große Unternehmen, sondern auch Privatpersonen mit fremdsprachigen Inhalten konfrontiert wurden (vgl. Łopuszańska 2019: 145–146).

Auch wenn in den letzten Jahren große Fortschritte in der Entwicklung gemacht wurden, gibt es noch immer Probleme bei der Vollendung der Systeme. Zum einen, weil die Übersetzung eine Kunst ist, die auch erfahrene Übersetzer vor eine Herausforderung stellen kann und zum anderen resultiert die Problematik aus der Komplexität der natürlichen Sprache und dem Programmieren der Maschinen. Bereits zu Beginn der Forschung wurden diese Problematiken festgestellt, allerdings wurden sie bis dato nicht völlig und zufriedenstellend gelöst. Dies macht die maschinelle Übersetzung als Schnittstelle zwischen Technologie und Sprache als Forschungsgebiet sowohl für Anwender als auch Anbieter interessant (vgl. Łopuszańska 2019: 145–146).

4.1 Begriffserklärung

Unter dem Begriff „maschinelle Übersetzung“ wird grundsätzlich Folgendes verstanden:

> “[…] traditional and standard name for computerised systems responsible for the production of translations from one natural language into another, with or without human assistance.” (Hutchins und Somers 1997: 3)

Laut der Definition von Hutchins (1997: 3) und Somers beinhaltet der Term „maschinelle Übersetzung“ jegliche Form von Computereinsatz bei einer Übersetzung. Schwanke (vgl. 1991: 48) hingegen unterscheidet zwischen CAT-Tools (Computer-Assisted Translation) und MT-Tools (Machine Translation). Bei den CAT-Tools nimmt der Computer eine unterstützende Rolle ein und der Mensch agiert weiterhin und beeinflusst durch sein Zutun das Übersetzungsergebnis. Die MT-Tools[2] hingegen fertigen die gesamte Übersetzung eigenständig an und der Mensch interagiert nicht. Da die Definition Schwankes detaillierter zwischen maschineller und maschinengestützter Übersetzung unterscheidet, gilt ihre Definition als Grundlage dieser Arbeit und bezeichnet die Übersetzung eines Textes durch ein System ohne menschlichen Einfluss.

4.2 Anwendungsbereiche

Der technologische Wandel im Bereich der Übersetzung macht sich durch die steigende Zahl verfügbarer Programme bemerkbar. Zudem ist die Geschwindigkeit der Veränderungen rasanter als sie es in der Vergangenheit war. Firmen in-

---

2 In einer Vielzahl von Fachtexten wird die Abkürzung „MT“ für die englische Bezeichnung „Machine Translation“ verwendet. Das Äquivalent in der deutschen Sprache ist „maschinelle Übersetzung“, abgekürzt „MÜ“. Beide Bezeichnungen und Abkürzungen sind bedeutungsgleich. Da diese Arbeit in der deutschen Sprache verfasst ist, wird im Rest der Arbeit die Abkürzung „MÜ“ verwendet.

vestieren mehr Zeit und Bemühungen in diesen Bereich und bringen eine stetig steigende Zahl an Programmen auf den Markt (vgl. Fantinuoli 2018: 6).

Diese Einflüsse spiegeln die Ergebnisse der 2019 erschienenen Ausgabe der „European Language Industry Survey“ wider. Die Umfrage wird seit 2013 regelmäßig durchgeführt und auf diese Weise werden europäische Entwicklungen in der Sprachenbranche analysiert. Sie ist Ergebnis der Zusammenarbeit der European Language Industry Association, Europäischer Master Übersetzen, European Union of Associations of Translation Companies, Fédération Internationale des Traducteurs, Globalization and Localization Association und Language industry platform (vgl. Tirry 2019: 1–3).

In diesem Jahr nahmen 1404 Sprachunternehmen sowie freiberufliche Übersetzer und Dolmetscher aus 55 Ländern teil. Rund 90 % der Befragten führten Übersetzungstätigkeiten aus, während etwa 10 % Dolmetschtätigkeiten ausübten. Ziel der Umfrage war es, ein Stimmungsbild der Branche abzuzeichnen. Die Teilnehmer beantworteten Fragen, die den Markt betreffen, aber auch offene Fragen über Entwicklungen und äußerten Bedenken, die sie in Bezug auf die Zukunft haben (vgl. Tirry 2019: 1–3).

Im Rahmen der Studie wurde unter anderem ermittelt, welche Tools die Unternehmen und Freiberufler kennen und welche sie tatsächlich nutzen. Die Antworten der Teilnehmer über die Bekanntheit der Tools wurden gemeinsam ausgewertet, sie sind in Abbildung 1 zu sehen. Es sind nicht nur reine maschinelle Übersetzungstools abgebildet, sondern auch CAT-Tools wie beispielsweise SDL Studio.

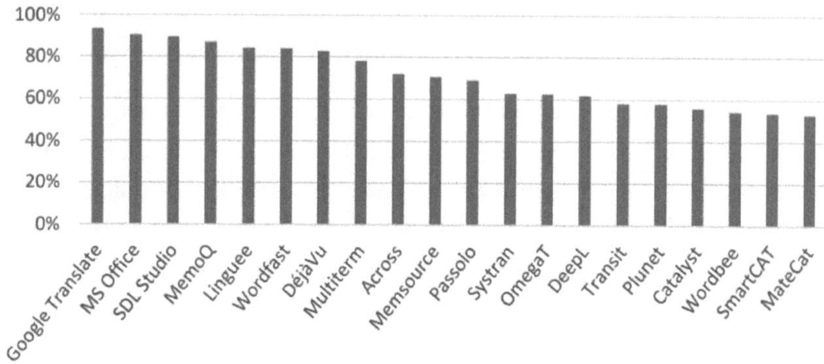

Abbildung 1: Top 20 der bekanntesten Programme – alle Befragten
Quelle: Tirry, 2019, S. 22

Abbildung 1 ist zu entnehmen, dass Google Translate das bekannteste Tool ist. Abbildung 2 zeigt, welche Tools die Freiberufler nutzen, während Abbildung 3 verdeutlicht, welche Tools die Unternehmen verwenden.

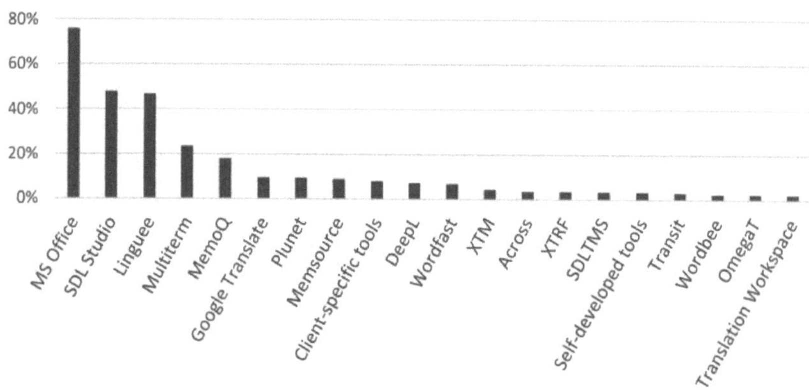

Abbildung 2: Top 20 der häufig verwendeten Programme – Freiberufler
Quelle: Tirry, 2019, S. 23

Abbildung 2 ist zu entnehmen, dass knapp unter 80 % der Freiberufler MS Office nutzen, gefolgt von dem CAT-Tool SDL Studio. Das bekannteste MÜ-System

Google Translate wird trotz der hohen Bekanntheit wie es aus Abbildung 1 hervorgeht, nur von ca. 10 % der Freiberufler im Arbeitsalltag verwendet. DeepL befindet sich auf dem zehnten Platz.

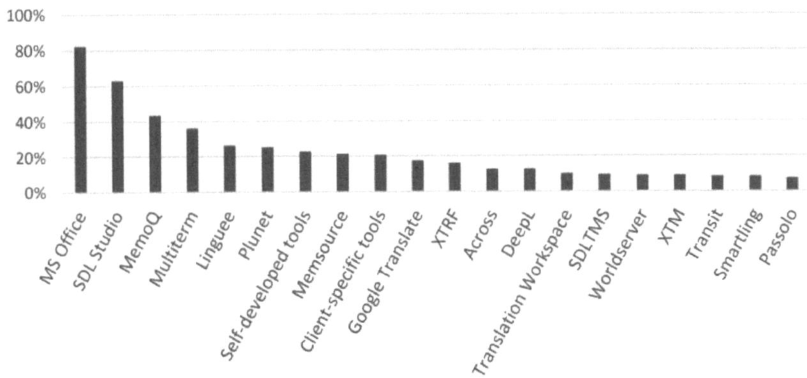

Abbildung 3: Top 20 der häufig verwendeten Programme – Unternehmen
Quelle: Tirry, 2019, S. 22

Aus Abbildung 3 geht hervor, dass auch die Firmen größtenteils MS Office verwenden, gefolgt von SDL Studio. Knapp 20 % der Unternehmen verwenden Google Translate und etwas über 10 % DeepL (vgl. Tirry 2019: 22–24).

Sowohl Abbildung 2 als auch Abbildung 3 zeigen, dass MÜ-Systeme, auch wenn sie eine große Bekanntheit genießen, in der professionellen Praxis noch eher selten angewendet werden. So werden besonders in den Unternehmen, die Sprachdienstleistungen anbieten, traditionelle CAT-Tools verwendet. 63 % der befragten Unternehmen gaben an, SDL Studio regelmäßig zu nutzen, 43 % gaben an, memoQ zu verwenden (vgl. Tirry 2019: 22–24).

Den Aussagen der Studienteilnehmer zu Folge wird es noch dauern, bis die maschinelle Übersetzung fester Bestandteil des Arbeitswerkzeuges der Unternehmen und Freiberufler sein wird. Laut der Umfrage gaben weniger als 20 % der Unternehmen an, maschinelle Übersetzungsdienste zu verwenden; 17 % erwähnten Google Translate und 13 % DeepL. Die Freiberufler verwenden die MÜ-Tools noch seltener. Von ihnen erwähnten 10 % Google Translate und 7 % DeepL (vgl. Tirry 2019: 22–24).

Nennenswert sind die unterschiedlichen Einstellungen der Unternehmen, Ausbildungsinstitute und Freiberufler im Hinblick auf zukünftige Technologieentwicklungen. In der Umfrage wird zusammengefasst, dass Unternehmen und Übersetzungsabteilungen den jüngsten aktuellen sowie auch den zukünftigen Technologieentwicklungen sowohl im Bereich der maschinellen Übersetzung als auch im Bereich der generellen technischen Entwicklungen positiv gegenüberstehen. Die Ausbildungsinstitute sind der generellen technischen Entwicklung gegenüber positiv gestimmt, sind allerdings weniger optimistisch gegenüber der maschinellen Übersetzung eingestellt. Von den Freiberuflern sehen lediglich 13 % einen Technologiefortschritt im Allgemeinen als positiv und nur 8 % sehen die Entwicklung der maschinellen Übersetzung als positiv (vgl. Tirry 2019: 36).

4.3 Neuronale maschinelle Übersetzung

Das Thema der neuronalen maschinellen Übersetzung in wenigen Zeilen ausführlich zu beleuchten ist aufgrund des Umfangs dieses Gebietes nahezu unmöglich und soll an dieser Stelle den IT-Spezialisten und Computerlinguisten überlassen bleiben. Dennoch ist ein oberflächlicher Überblick angebracht. Als neuronale maschinelle Übersetzung wird die maschinelle Übersetzung unter Einsatz eines künstlichen neuronalen Netzwerkes verstanden. Stark vereinfacht ausgedrückt ist dieses Netzwerk in der Grundidee dem Vorbild des biologischen neuronalen Netzwerks nachempfunden, welches auch dem menschlichen Gehirn ermöglicht, Ziffern und Bilder zu erkennen (vgl. Bahdanau et al. 2016: 1). Durch die Verwendung des künstlichen neuronalen Netzwerkes lernt das Programm aus einem großen Datensatz an vorherigen Übersetzungen und ist so in der Lage, bessere Übersetzungen anzufertigen als die Vorgänger der regel- oder statistikbasierten Programme (vgl. Lionbridge Marketing 2019).

4.4 Übersicht der geläufigsten NMÜS

Nachfolgend sollen die derzeit geläufigsten und bekanntesten NMÜS kurz vorgestellt werden. Die Auswahl der in diesem Kapitel erörterten Tools basiert auf den Erhebungen der 2019 European Language Industry Survey, die bereits in Kapitel 4.2 in Abbildung 1 dargestellt wurden. Da zur Klärung der Forschungsfrage in dieser Arbeit ein neuronales maschinelles Übersetzungstool verwendet wird, werden andere in der Studie erwähnte Systeme wie Translation-Memory-Systeme (TM-Systeme) oder Computer-Assisted Translation Tools (CAT-Tools) außer Acht gelassen.

4.4.1 Google Translate

Die Markteinführung Google Translates erfolgte 2006, damals waren nur Übersetzungen zwischen der englischen und arabischen Sprache möglich (vgl. Och 2006). Neben der klassischen Übersetzung über das Formularfeld ist das Programm in der Lage, sowohl Wörter, Texte, Webseiten als auch mit der Kamera aufgenommene Fotos von Texten zu übersetzen. Dies geschieht mit Hilfe einer App für mobile Endgeräte, die 2010 veröffentlicht wurde, mit der auch SMS-Nachrichten übersetzt werden und in das Telefon gesprochene Inhalte als schriftliche Übersetzungen reproduziert werden können. Google Translate unterstützt derweil 103 Sprachen, Ausgangstextsprachen können automatisch erkannt werden. Google arbeitet zusätzlich an einem Modell, in welches das gesprochene Wort durch Spracheingabe eingespeist, auf Audio-Ebene analysiert und direkt in die Sprachausgabe weitergeleitet und schließlich dort vorgelesen wird. Bisher werden Audiodateien lediglich übersetzt und in Texte umgewandelt (vgl. Jia und Weiss 2019).

Die Verwendung des maschinellen Übersetzungstools funktioniert über den Aufruf der Internetseite. Dort kann der Benutzer den zu übersetzenden Text in das linke Formularfeld eingeben, woraufhin im Formularfeld rechts daneben die Übersetzung in gewählter Zieltextsprache erscheint. Verfügt der Benutzer über ein Googlekonto, kann er sich damit anmelden und gespeicherte Übersetzungen erneut anschauen oder den Übersetzungsverlauf einsehen. Unter dem Menüpunkt

„Übersetzercommunity" ist es dem Nutzer möglich, Übersetzungen zu prüfen und zu korrigieren oder selbst Wörter zu übersetzen und Google in dieser Weise zu helfen, den Service zu verbessern. Ein System mit Punkten und sogenannten „Badges" belohnt den Nutzer für sein Engagement. Eine finanzielle Entlohnung für die Übersetzungs- bzw. Korrekturarbeit ist nicht vorgesehen (vgl. Google Ireland Limited 2019).

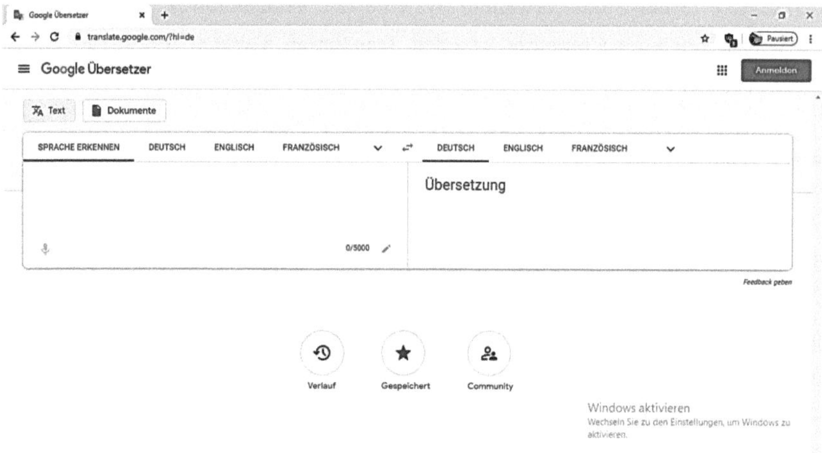

Abbildung 4: Benutzeroberfläche Google Translate
Quelle: Ireland Limited, 2019

4.4.2 SYSTRAN

In den späten 1950er Jahren entwickelte und gründete der gebürtige Ungar Dr. Peter Toma das System SYSTRAN (vgl. Drake 2011: 3). Der Name setzt sich aus den englischen Worten „SYS"tem und „TRAN"slation zusammen, und obwohl der Stand der Technik damals noch ein anderer war als heutzutage, wurde damit der Prototyp des heutigen maschinellen Übersetzungssystems geschaffen (vgl. SYSTRAN 2020).

SYSTRAN wurde unter anderem von der United States Air Force und NASA verwendet (vgl. Hutchins und Somers 1997: 7). Noch heute wird das System bei der

Europäischen Kommission verwendet, allerdings unter dem Namen „EC-Systran" (vgl. Wagner et al. 2014: 90). In dem Apollo-Sojus-Test-Projekt 1975 wurde SYSTRAN verwendet, um Anweisungen für die Raumfahrer aus der russischen in die englische Sprache zu übersetzen, was vermutlich zum Bekanntheitsgrad des Programms beitrug. Seit 1978 wird SYSTRAN auch kommerziell verwendet. (vgl. SYSTRAN 2020). Die für private und kommerzielle Benutzer vorgesehene Übersetzungssoftware ist online verfügbar. Hier kann der Nutzer den zu übersetzenden Text in das Formularfeld eingeben und die entsprechende Übersetzung nach Sprachauswahl abrufen. Unter der Übersetzung findet der Nutzer eine Auflistung der Wörter in ihrer jeweiligen Übersetzung. Es können bis zu 3000 Zeichen online übersetzt werden. Neben der automatischen Übersetzung von E-Mails bietet SYSTRAN die automatische Übersetzung von Internetseiten an, um den Besuchern die Nutzung in ihrer Muttersprache zu ermöglichen (vgl. SYSTRAN 2019). Zusätzlich ist die automatische Übersetzung von RSS-Feeds (Really Simple Syndication) möglich. RSS-Feeds sind neue Informationen einer Webseite, beispielsweise eine Schlagzeile, die dem Nutzer angezeigt werden, ohne dass er die Webseite besuchen muss (vgl. Markgraf 2020).

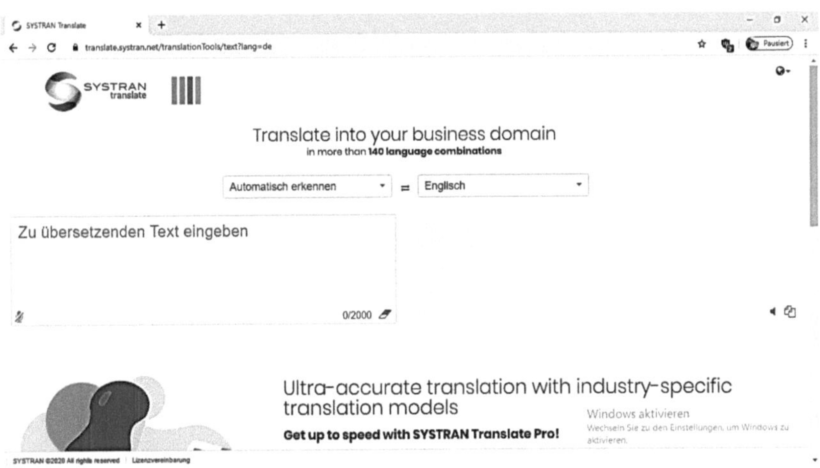

Abbildung 5: Benutzeroberfläche SYSTRAN
Quelle: SYSTRAN Co. Ltd, 2020

4.4.3 DeepL

Das Kölner Technologieunternehmen wurde 2009 unter dem Namen „Linguee“ von Gereon Frahling und Leonard Fink gegründet. Linguee war die erste Suchmaschine für Übersetzungen. Im Sommer 2017 stellte das Unternehmen DeepL vor, ein kostenloses maschinelles Übersetzungssystem mit 72 Sprachkombinationen. Knapp ein Jahr später brachte das Unternehmen die DeepL-Pro-Version auf den Markt. Diese beinhaltet Paketvarianten in unterschiedlichen Preisklassen für Einzelnutzer, Unternehmen, größere Unternehmen und für Entwickler. Für Einzelunternehmer und größere Unternehmen wird weiter in verschiedene Tarife unterteilt. Der Tarif bestimmt den Preis und das monatlich verfügbare Übersetzungsvolumen zwischen 20 und 100 Dokumentübersetzungen. Die Versionen der Advanced- und Ultimate-Tarife lassen sich in CAT-Tools wie SDL Trados Studio und memoQ einbinden (vgl. DeepL GmbH 2020).

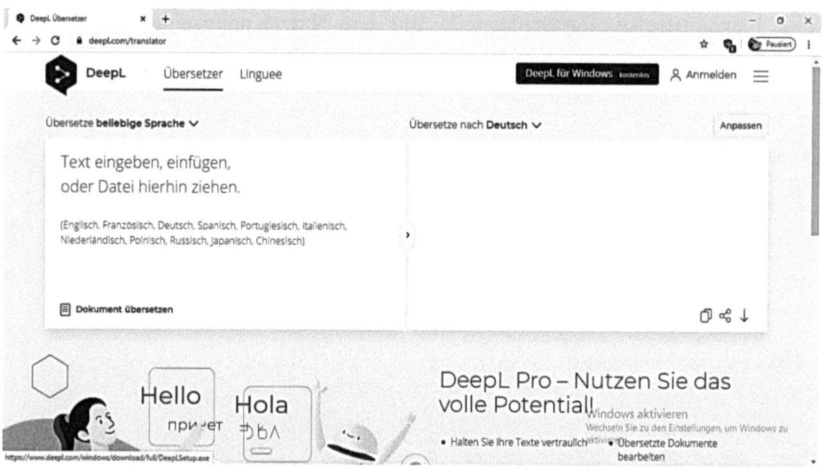

Abbildung 6: Benutzeroberfläche DeepL
Quelle: DeepL GmbH, 2019

Wie auch bei den zuvor beschriebenen Programmen ruft der Nutzer DeepL online auf und gibt dort den zu übersetzenden Text in das linke Formularfeld ein, woraufhin die Übersetzung im rechten Formularfeld angezeigt wird. Der Benutzer kann ebenfalls ein Dokument, entweder als Word- oder PowerPoint-Datei, hochladen und das gesamte Dokument übersetzen lassen. Dokumente, die mit der freizugänglichen Software übersetzt werden, werden mit einer Kopfzeile versehen, in der darauf hingewiesen wird, dass dieses Dokument mit DeepL übersetzt wurde. Diese Kopfzeile kann nicht entfernt werden. Beim Verwenden der Pro-Version wird sie allerdings nicht hinzugefügt. Ein weiterer Unterschied zwischen freizugänglicher und Pro-Version ist, dass die Texte, die mit der Pro-Version übersetzt werden, nicht gespeichert werden, was spätestens beim Übersetzen von Texten, die sensible Daten beinhalten, an Bedeutung gewinnt (vgl. DeepL GmbH 2019).

Seit 2013 ist das Unternehmen profitabel und erbrachte bereits 2016 einen Gewinn von 1,3 Millionen Euro. Während die anfänglichen Einnahmen durch die geschaltete Werbung auf der Internetseite von Linguee eingenommen wurden, werden sie heute durch den Verkauf der Pro-Version-Pakete generiert, die für 4,99 bis 39,99 € monatlich angeboten werden (Stand Januar 2020). Zu Beginn nahmen die Entwickler 800.000 € Kapital von Investoren auf. 13,6 % von DeepL wurden im Dezember 2018 von der amerikanischen Venture-Capital-Firma Benchmark für einen unbekannten Betrag übernommen. Benchmark investierte bereits in bekannte und lukrative Unternehmen wie Ebay, Dropbox, Uber und Facebook (vgl. Stähler und Evers 2019: 30).

Das DeepL Team aus 24 Mitarbeitern besteht zu einer Hälfte aus Ingenieuren und zur anderen Hälfte aus Produkt- und Qualitätsmanagern. 500 Menschen sind freiberuflich für die Qualitätssicherung bei DeepL engagiert, hier handelt es sich hauptsächlich um Übersetzer (vgl. Stähler und Evers 2019: 31).

Auch wenn die Befragten der 2019 European Language Industry Survey diesem Programm die geringste Bekanntheit unter den neuronalen maschinellen Übersetzungstools zuordneten, lenkte DeepL die öffentliche Aufmerksamkeit auf das Thema künstliche Intelligenz und Maschinenlernen im Bereich Sprachmittlung. Immer wieder wird von Journalisten sowohl in einschlägigen als auch nicht einschlägigen Online-Magazinen betont, dass die Übersetzungsleistung von DeepL besser als die der Konkurrenten sei. Stephan Finsterbusch schreibt bereits 2017, kurz nach der Markteinführung DeepLs, dass die Übersetzungen von Google

Translate zwar gut, doch die von DeepL noch besser seien. Er begründet dies mit eigenen Testversuchen der Frankfurter Allgemeinen Zeitung (vgl. Finsterbusch 2017). Daniel Berger, freier Journalist für heise online, spricht davon, dass die „Texte […] viel natürlicher klingen als die der Konkurrenten" (Berger 2018). Guido Mingels schreibt im Wirtschaftsressort des Spiegels, dass die künstliche Intelligenz die Sprachübersetzung revolutionieren würde und die Kölner Firma DeepL das besser könne als Google Translate (vgl. Mingels 2018). Diese Auszüge geben Anstoß für eine detaillierte Betrachtung der Übersetzungsqualität im Rahmen dieser Arbeit.

Für die Übersetzung der Textkorpora wird in dieser Arbeit die freizugängliche Version genutzt, da diese Version für jeden Dolmetscher, ob erfahren oder unerfahren, frei und direkt zugänglich ist. Die Verwendung der Pro-Version als Werkzeug in der Vorbereitungsarbeit ginge unvermeidlich mit einer Investition einher, welche wiederum die ökonomische Ersparnis beeinflussen würde. Zudem ist nicht jeder Absolvent sofort finanziell im Stande dazu, eine große Anzahl an Investitionen in Programme vorzunehmen.

5 Simultandolmetschen und neuronale maschinelle Übersetzung

Der in zahlreichen Bereichen spürbare digitale Wandel macht auch vor dem Bereich der Sprachmittlung keinen Halt. Im Gegenteil, besonders in der Sprachmittlung besteht seit jeher ein großes Interesse, die Prozesse maschinell zu unterstützen oder vollständig zu ersetzen. Neben den bereits geschilderten Entwicklungen im Bereich der maschinellen Übersetzung steht auch dem Bereich des Dolmetschens möglicherweise ein technologischer Wandel bevor. Im Hinblick auf diese Transformation liegt der Fokus insbesondere auf dem computergestützten Dolmetschen (computer-assisted interpreting CAI), dem Fern-Dolmetschen (remote interpreting RI) und dem maschinellen Dolmetschen (machine interpreting MI) (vgl. Fantinuoli 2018: 4–6).

5.1 Exkurs – maschinelles Dolmetschen

Das Ziel des maschinellen Dolmetschens liegt darin, den menschlichen Dolmetscher vollständig zu ersetzen und ist folglich klar abzugrenzen von CAI und RI, deren Zweck die Unterstützung des menschlichen Dolmetschers ist. Die Begriffe „automatic speech translation“, „automatic interpreting“ oder „speech-to-speech translation“ werden synonym zum maschinellen Dolmetschen verwendet. Das maschinelle Dolmetschen vereint mindestens drei Technologien: die automatische Spracherkennung, maschinelle Übersetzung und Sprachsynthese.

Ähnlich wie im Bereich der maschinellen Übersetzung wurden auch hier in den vergangenen Jahren erhebliche Fortschritte erreicht, hervorgerufen unter anderem durch die Weiterentwicklungen von Computern und in Bereichen wie dem maschinellen Lernen. Trotz der Fortschritte ist die Qualität der maschinellen Dolmetschtechnologien noch weit davon entfernt, eine vergleichbare zielsprachliche Qualität wie die eines menschlichen Dolmetschers zu erreichen (vgl. Fantinuoli 2018: 5–6).

Die ersten Prototypen wurden nach jahrelanger Forschung im Bereich der natürlichen Sprachverarbeitung beispielsweise am Karlsruher Institut für Technologie vorgestellt (vgl. Müller et al. 2016: 82) oder von Konzernen wie Google oder Microsoft auf den Markt gebracht. Der Erfolg dieser Prototypen war jedoch nicht zufriedenstellend. Selbst in den grundlegendsten Situationen war die Dolmetschleistung der Systeme unzureichend. Das Erschaffen eines erfolgreichen maschinellen Dolmetschsystems ist aus zwei Gründen komplex. Zum einen gilt es, technische Herausforderungen wie die automatische Übersetzung, Latenzen und Flexibilität in der Spracherkennung, Geräuschtoleranz und Sprecherunabhängigkeit zu meistern. Zum anderen muss ein maschinelles Dolmetschsystem den Kontext wie sein menschliches Pendant lesen können. Das bedeutet, das System muss aus der Attitüde des Sprechers, seinen Bezügen auf das aktuelle Weltgeschehen und nonverbalen Zeichen ableiten, wie die Aussage einzuordnen und folglich richtig zu dolmetschen ist. Dies sind Aufgaben, die selbst für einen erfahrenen Dolmetscher nicht immer leicht zu meistern sind. Forschungs- und Entwicklungsbemühungen für Technologien wie der Gefühlsanalyse oder Verhaltensidentifizierung lassen die Entwickler darauf hoffen, diese Technologien in maschinelle Dolmetschsysteme zu integrieren, um bessere Ergebnisse zu erreichen.

Allerdings ist der derzeitige Stand der Technologie nicht ausreichend, um einen menschlichen Dolmetscher und die gesamte Verstehens-, Übertragungs- und Wiedergabeleistung, die er erbringt, zu ersetzen (vgl. Fantinuoli 2018: 5–6). Abgesehen von den möglichen inhaltlichen Fehlern ist davon auszugehen, dass die noch recht synthetisch klingende Stimme nach einer Weile für den Hörer zu anstrengend wird. Wendet man sich allerdings von dem hohen Anspruch an die Systeme, stundenlange Fachkonferenzen korrekt zu dolmetschen, ab, ergeben sich mögliche Einsatzbereiche, die weniger komplex sind, dafür jedoch realistischer umzusetzen sind. Ein Spracherkennungssystem könnte etwa in die Konferenztechnik integriert werden und so programmiert werden, dass es nur die genannten Zahlen auffasst und diese den Dolmetschern in der Kabine anzeigt. Zudem könnte ein Spracherkennungssystem bei der Transkription von Verdolmetschungen helfen und auf diese Weise einen aufwendigen Arbeitsschritt vereinfachen (vgl. Härtel 2016: 107–108).

Die noch unzureichende Qualität der maschinellen Dolmetschsysteme ist einer der Beweggründe, weshalb nicht das maschinelle Dolmetschen Forschungsgegenstand dieser Arbeit ist, sondern der etwas bescheidenere Einsatz eines maschinellen Übersetzungstools als Hilfsmittel in der Dolmetschvorbereitung.

5.2 Datenschutz und maschinelle Übersetzung

Angesichts der Empfindlichkeit personenbezogener Daten ist das Thema Datenschutz unumgehbar. Die Verschwiegenheit ist in der allgemeinen Sprachmittlung unerlässlich und von jedem der Berufsethik verschriebenen Sprachmittler zu gewährleisten (vgl. Kutz 2010: 78). In seiner Arbeit sieht sich der Dolmetscher mit einer Bandbreite an personenbezogenen Daten konfrontiert. Personenbezogene Daten bestehen aus Einzelangaben zu persönlichen oder sachlichen Verhältnissen (vgl. BDSG 2018). Zu den persönlichen Verhältnissen werden unter anderem äußere Erscheinungsmerkmale, Beruf, Familienstand und Name gezählt. Doch auch weniger offensichtliche Daten wie die Haut-, Haar- und Augenfarbe des Betroffenen oder deren Handlungen, Einstellungen und Beziehungen zu anderen Menschen, gehören zu dieser Kategorie (vgl. Ambros 2020).

In seiner Arbeit wird der Dolmetscher auch mit Unternehmensinformationen wie Vertragstexten, Übernahmeplänen, Projektentwürfen, internen Forschungsergebnissen, Patentanmeldungen, Markengeheimnissen, Marketing-Ankündigungen, Zeugnissen etc. konfrontiert (vgl. Bruckner 2017: 13). Mit diesen Aufzählungen ist nur ein Bruchteil der Daten, die ein Dolmetscher im Rahmen seiner Arbeit behandeln muss, dargestellt. Sie alle gilt es durch absolute Verschwiegenheit zu schützen. Ein Dolmetscher kann sich über diese Sachverhalte informieren und gemäß der Berufsethik handeln, der er sich zu Beginn seiner professionellen Karriere verschrieb, jedoch stellt sich die Frage, ob ein Computer einen vergleichbaren Datenschutz gewährleisten kann.

Viele der freizugänglichen maschinellen Übersetzungstools speichern die Textinhalte in einer sogenannten *Cloud* (vgl. Bruckner 2017: 10). Als Cloud-Computing wird die Auslagerung von Software- und Hardwarefunktionen, wie der Datenverarbeitung, in Servernetzwerke bezeichnet. Diese Auslagerung soll dafür sorgen, dass IT-Dienstleistungen dynamisch und skalierbar nutzbar gemacht werden und Hard- und Software ressourcensparend genutzt werden können (vgl. Weichert 2010: 679). Das Cloud-Computing birgt neben seinen Annehmlichkeiten Risiken für die Sprachmittlungsbranche. Beispielsweise in Form von Sicherheitslücken, die Angriffsfläche für Hacker bilden beziehungsweise politische oder wirtschaftliche Spionage ermöglichen. Die an die MÜ-Anbieter übermittelten Daten können auf dem Übertragungsweg abgefangen werden, wenn beispielsweise ungesicherte WLAN-Verbindungen wie in Cafés oder Flughäfen für die Übertragung genutzt werden (vgl. Bruckner 2017: 10). Was den Umgang mit den hochgeladenen Daten und Nutzerdaten betrifft, gibt es ebenfalls Bedenken, schließlich weiß der Nutzer nie vollkommen, wo sich seine Daten genau befinden und ob der Anbieter diese nach Anfrage auch wirklich löscht. Hinzu kommt, dass Cloudanbieter wie Amazon, Google, Microsoft, IBM, Hewlett-Packhard (zusammen mit Intel und Yahoo), SAP oder Telekom ihre Datenverarbeitung nicht nur national, sondern weltweit betreiben, auf sogenannten Serverfarmen, die ebenfalls unterschiedlichen Anbietern gehören. Daraus lässt sich schließen, dass sich die Server in Ländern mit unterschiedlichen Rechtssystemen befinden, was Unterschiede im Zugriff auf die Daten bedeuten kann (vgl. Weichert 2010: 680). Ein weiterer Aspekt ist die Tatsache, dass Daten immer wertvoller werden. Nicht ohne Grund werden personenbezogene Daten als „Öl des 21. Jahrhunderts“ bezeichnet (Braun 2014: 88). Durch Anfragen bei einem Cloud-MÜ-Anbieter wie DeepL könnten durch die Metadaten neben Suchverhaltensmustern des Nutzers auch ganze Unternehmensprofile erstellt werden (vgl. Bruckner 2017: 13).

In Anbetracht der rasanten technischen Entwicklung und fortschreitenden Globalisierung ist es sinnvoll, sich als Sprachmittler Wissen über Risiken anzueignen und Gedanken über den Umgang mit den Risiken der technologischen Annehmlichkeiten zu machen. Der MDÜ empfiehlt seinen Lesern, nicht grundsätzlich vor Cloud-MÜ-Lösungen, sowohl maschineller Übersetzung als auch die Verwendung von CAT-Tools, zurückzuschrecken. Trotzdem wird zu einer gewissen Sensibilität dem Thema gegenüber aufgerufen und geraten, sensibel mit empfindlichen Daten umzugehen. Dies bedeutet im expliziten Fall, personenbezogene Daten oder als „vertraulich“ klassifizierte Daten nicht in Cloud-MÜ-Systeme einzuspeisen. Zudem müssen die Vorgaben des Auftraggebers in Bezug auf die Datenklassifikation oder der (Nicht-) Nutzung von Online-Diensten dringlich eingehalten werden. Es wird dazu geraten, im Zweifelsfall beim Auftraggeber nachzufragen und für eine Transparenz in Bezug auf die Nutzung von MÜ-Tools zu sorgen. Sollte die Antwort noch immer Fragen unbeantwortet lassen, gilt es, den gesunden Menschenverstand anzuwenden (vgl. Bruckner 2017: 13). Die in diesem Kapitel erörterten Aspekte sind bei der Abwägung der Kosten und Nutzen der Verwendung von einem Tool wie DeepL zu berücksichtigen. Die Kosten sind in diesem Fall die hochsensiblen Daten des Kunden, die unter keinen Umständen preisgegeben werden dürfen, und der Nutzen ist die ökonomische Effizienz in der Vorbereitungsarbeit des Dolmetschers.

5.3 Simultandolmetschen mit Textvorlage

In dem Forschungsszenario wird von einer simultanen Dolmetschsituation ausgegangen, in der der Dolmetscher eine Textvorlage, in diesem Fall eine neuronal maschinell erstellte Übersetzung, während der Verdolmetschung vorliegen hat. Kutz (2010) widmet dieser Unterform des Simultandolmetschens in seinem Buch ein Kapitel, in welchem er zwischen vier Möglichkeiten unterscheidet. In der ersten Variante steht dem Dolmetscher ausreichend Zeit zur Verfügung, um sich intensiv mit dem vor Veranstaltungsbeginn eingereichten Textmaterial auseinanderzusetzen und eine textuelle Vorbereitung am Manuskript auszuführen. Er kann wichtige Stellen im Text unterstreichen, redundante Stellen als komprimierbar markieren und anspruchsvolle Entsprechungen direkt im Text notieren. Bei der zweiten Variante handelt es sich um das Dolmetschen von PowerPoint-Präsentationen. Hier liegen zwar die wichtigsten Gedankenstränge und Fakten vor, jedoch fehlen dem Dolmetscher Einleitungen, Erklärungen und Entfaltungen. Somit sollte sich auch ein erfahrener Dolmetscher nicht in einer falschen Sicherheit wiegen, denn der Redner könnte mit unerwarteten Zitaten, Zahlen oder Aufzählungen improvisieren. In der dritten, von Kutz (2010) erläuterten Variante ist die Vorbereitung des Textmaterials nicht möglich, weil es kurz vor dem Beginn der zu verdolmetschenden Veranstaltung zur Verfügung gestellt wird. Sollte der Dolmetscher allein sein, ist es empfehlenswert, das Material nicht zu verwenden, weil die

Beschäftigung mit einem unbekannten Text zeitaufwendig ist und Konzentration verschlingt, die in diesem Moment für das Dolmetschen selbst benötigt wird. Sollte der Dolmetscher einen Kollegen mit sich in der Kabine haben, könnte dieser das Textmaterial zur Hand nehmen, mitlesen und auf Eigennamen, Zahlen, Formeln, Zitate und Aufzählungen aufmerksam machen und so eine Hilfe darstellen. Ähnlich verhält es sich auch mit kurz vor Veranstaltungsbeginn eingereichten PowerPoint-Präsentationen in Papierform. Der Dolmetscher könnte hier eine Mischform aus dem Dolmetschen nach Gehör und dem Dolmetschen vom Blatt wählen (vgl. Kutz 2010: 504–505).

Die Idee scheint einleuchtend: zur Verfügung gestelltes Vorbereitungsmaterial wird schlichtweg vor dem Einsatz innerhalb weniger Sekunden mit Hilfe eines NMÜS übersetzt und während der Veranstaltung in der Dolmetschkabine oder neben dem Kunden vorgelesen. Die Verwendung einer Textvorlage während der Simultanverdolmetschung kann Vorteile schaffen. Der Dolmetscher hat durch das Material einige schriftliche Anhaltspunkte zu dem Gesagten, die ihm bei sämtlichen Gedächtnisprozessen helfen können. Des Weiteren kann ein vorliegendes Manuskript mit akustischen Problemen während der Veranstaltung oder einem besonders ausgeprägten Akzent oder Dialekt helfen. Gile (2009) beschreibt in seinem Buch *Basic Concepts and Models für Interpreter and Translator Training* die sogenannten „Effort Models", welche die verschiedenen aufzuwendenden Anstrengungen des Dolmetschers während des Dolmetschprozesses beschreiben. Bezüglich des Simultandolmetschens mit Textvorlage beschreibt er die benötigten Anstrengungen wie folgt: „Simultandolmetschen mit Textvorlage = Lesen + Speicherung + Produktion + Koordination" (Gile 2009: 181).

Allerdings bringt die Verwendung von Textmaterial in der Simultanverdolmetschung nicht ausschließlich Vorteile mit sich. Die Dolmetschtätigkeit ist geprägt von der „Normalität des Besonderen" (Kutz 2010: 400). In den Jahren seiner intensiven Ausbildung wird der Dolmetscher darauf vorbereitet, mit spontanen Änderungen, Einwürfen, Entfaltungen, ungeplanten Bezügen auf Weltgeschehnisse, überraschenden Wendungen, Zitaten, Statistiken, Forschungsergebnissen etc. umzugehen und diese Passagen trotz des unvorhergesehenen Aufkommens qualitativ hochwertig zu verdolmetschen. Nicht umsonst wird die Recherchekompetenz und das Allgemeinwissen des Dolmetschers aufwendig geschult. Es ist nicht immer der Fall, dass ein Redner ein ausformuliertes Redemanuskript Wort für Wort vorliest, ohne davon abzuweichen. Bei einer zu starren Konzentration auf das übersetzte Redemanuskript könnten dem Dolmetscher wichtige Abweichungen entgehen. Praxiserfahrungen suggerieren, dass eine vorliegende Übersetzung nicht immer eine Erleichterung für den Dolmetscher darstellt. Die hohe Dichte an ausführlich ausformulierten sprachlichen Konstruktionen eines verschriftlichten Texts im Gegensatz zu einem frei gesprochenen Vortrag verlangen dem Dolmetscher mehr Verarbeitungskapazitäten ab. Zudem können durch das vorliegende Textmaterial sprachliche Interferenzen auftreten, da der Dolmetscher versucht, die Informationen des vorliegenden Materials in ihrer Gesamtheit wiederzugeben und er als Resultat vom Tempo des Redners überholt wird (vgl. Gile 2009: 181–182). Aus diesen Gründen ist die textuelle Vorbereitung des Kabinenmaterials, siehe 2.1, auch wenn es sich um eine Übersetzung handelt, unabdingbar.

Um das im Theorieteil dieser Arbeit dargelegte Forschungsziel dieser Arbeit zu erreichen, werden die benötigten Daten und Methoden in den folgenden Kapiteln konkretisiert.

6 Auswahl und Situierung des Analysekorpus nach Diskurstypologie von Kutz

Um ein breites Spektrum an unterschiedlichen Textsorten für die Ausführung der Analyse abzudecken, basiert die Auswahl der für die Übersetzung gewählten Textkorpora auf der Diskurstypologie nach Kutz (2010). In dieser sind die wichtigsten Diskurssorten der Dolmetschpraxis in drei Kategorien unterteilt: **Diskursgrundtyp**, **Diskurstyp** und der **Diskurs** selbst.

Die einzelnen Diskurstypen sind den übergeordneten Kategorien zugeordnet und mit Verbindungen versehen. Es wird darauf hingewiesen, dass auch abweichende Verbindungen und Mischformen der Kategorien durchaus möglich sind, da sich die „Normalität des Besonderen" beim Dolmetschen bestätigt (vgl. Kutz 2010: 398–400).

In Abbildung 7 sind die drei Kategorien mit den jeweiligen Verbindungen untereinander zu sehen. Die linke Spalte beinhaltet die **Diskursgrundtypen** „Vortrag", „Freie Rede" und „Spontane Rede". Die mittlere Spalte zeigt die verschiedenen **Diskurstypen**, die in der rechten Spalte wiederum in die einzelnen **Diskurse** unterteilt werden. Die aufgeführten Diskurse decken sicherlich nicht das gesamte Spektrum der Arbeit eines Dolmetschers umfassend ab, stellen jedoch eine repräsentative Auswahl dar (vgl. Kutz 2010: 399).

Die für die Analyse ausgewählten Textkorpora entsprechen jeweils verhältnismäßig unterschiedlichen Diskurstypen, da sie aus sehr unterschiedlichen Dolmetscheinsätzen verschiedener Fachbereiche der Praxis stammen.

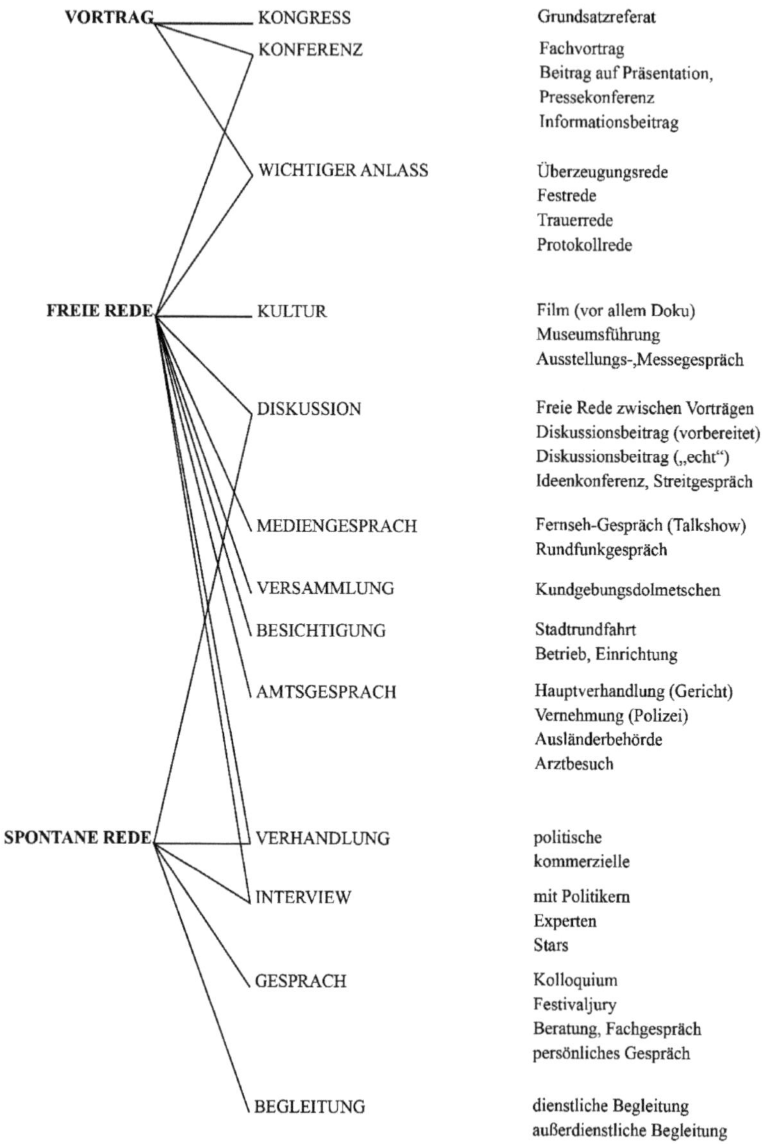

Abbildung 7: Diskurstypologie nach Kutz
Quelle: In Anlehnung an Kutz, 2010, S. 399

Neben der Einordnung in die verschiedenen Diskurstypen kann jedem Dolmetscheinsatz ein Situationstyp zugeordnet werden, welcher sich wiederrum auf die Wahl einer passenden Dolmetschstrategie auswirkt. Kutz (vgl. 2010: 341–342) unterscheidet zwischen drei Situationstypen:

- *Form- und inhaltsbetonte Dolmetschsituation*
- *Inhaltsbetonte Dolmetschsituation*
- *Rein pragmatische Dolmetschsituation*

In Form- und inhaltsbetonten Dolmetschsituationen wird Wert sowohl auf den Inhalt als auch die Stilkonformität gelegt (vgl. Kutz 2010: 341). Eine weitgehend originalgetreue Inhaltswiedergabe steht im Vordergrund, ebenso wie eine protokollarisch angemessene sprachliche Realisierung. Die Ästhetik und der Funktionalstil der Sprache und die Wirkung auf Menschenmassen und Medien sind relevant. Beispielhaft zu nennen wären an dieser Stelle unter anderem offizielle Empfänge, Kundgebungen oder Versammlungen (vgl. Kutz 2010: 501).

In inhaltsbetonten Dolmetschsituationen wird Wert auf eine genaue Wiedergabe der Informationen, eine funktional angemessene sprachliche Gestaltung und eine aktionale Präsentation gelegt. Die Vermittlung des Inhalts steht im Vordergrund. Des Weiteren sind in einigen inhaltsbetonten Situationen begriffliche Expansionen und syntaktische Entflechtungen zur Förderung des Verständnisses erwünscht, wie zum Beispiel bei sowohl großen als auch kleinen Konferenzen, Fachtagungen oder Fortbildungsseminaren (vgl. Kutz 2010: 341).

Rein pragmatische Dolmetschsituationen sind Situationen, in denen das Dolmetschen unter dramatischen, zugespitzten Bedingungen stattfindet. Hier wird Wert auf die richtige, zügige und wirksame Wiedergabe der Information gelegt. Rein pragmatische Dolmetschsituationen treten etwa während des Polizei- oder Verhandlungsdolmetschens auf (vgl. Kutz 2010: 342).

Um die Testbedingungen möglichst realitätsnah zu gestalten, wurden Redemanuskripte und PowerPoint-Präsentationen, die in der Dolmetschpraxis als Vorbereitungsmaterial zur Verfügung gestellt wurden, als Korpustexte für die Übersetzungsanalyse verwendet. Es handelt sich um deutsche Texte, die simultan oder flüstersimultan in die englische Sprache verdolmetscht werden sollten. Aus datenschutzrechtlichen Gründen ist es in der zur Veröffentlichung bestimmten Version dieser Arbeit nicht möglich, den literarischen und medizinischen Text sowie deren Übersetzungen vollumfänglich zu veröffentlichen. Daher ist beispielsweise eine detaillierte Situierung nur für den juristischen Text aufgeführt. Auch wird auf die wörtliche Wiedergabe von Textausschnitten in Form von Textbeispielen verzichtet. Im Rahmen dieser Arbeit wurden jedoch die Untersuchungsschritte unter gleichen Bedingungen an allen Texten ausgeführt, sodass eine komparative Darstellung trotz des Verzichts auf die vollumfängliche Veröffentlichung der Dokumente möglich ist. Der juristische Ausgangstext sowie dessen maschinell erstellte Übersetzung ist im Anhang I der vorliegenden Arbeit zu finden.

6.1 Korpustext Recht

Der Text aus dem Bereich des juristischen Dolmetschens entstammt einem Dolmetschauftrag aus dem Jahr 2017. Anlass war eine Firmenneueintragung für eine britische Firma, die einen Zweitsitz in der Nähe Leipzigs in das Handelsregister eintragen ließ. Zum Schutz der personenbezogenen Daten werden an dieser Stelle keine weiteren Details zu der Firma genannt und auch im Analysekorpus geschwärzt. Die beteiligten Parteien gaben jedoch dem Institut für angewandte Linguistik und Translatologie Leipzig die ausdrückliche Erlaubnis, das Dokument für Bildungszwecke zu verwenden.

Zur sachgemäßen Eintragung in das Handelsregister kamen die britischen Geschäftsführer persönlich in das Notariat. Im Normalfall haben die Vertragsparteien ein Exemplar der Unterlagen zur Firmeneintragung vorliegen und können auf diese Weise mitlesen und wenn nötig, Ergänzungen hinzufügen. Da in diesem Fall keine englische Übersetzung des Dokuments vorlag und die Mitglieder der Vertragspartei der deutschen Sprache nicht mächtig waren, wurde ein Dolmetscher benötigt. Es wurde situationsabhängig flüstersimultan beziehungsweise konsekutiv gedolmetscht. Die Einsatzdauer betrug circa eine Stunde. Das Vorbereitungsmaterial wurde zuvor bereitgestellt und ausformuliert vom Notar verlesen. Die Informationen über den Ablauf des Dolmetscheinsatzes entstammen einem persönlichen Gespräch mit dem beauftragten Dolmetscher Timothy Jones.

Entsprechend der Diskurstypologie von Kutz (2010), siehe Abbildung 7, ist der juristische Text wie folgt zu kategorisieren: Der Diskursgrundtyp ist in diesem Fall ein Vortrag, der vor Ort verlesen wird. Dieser Dolmetscheinsatz findet beim Notar statt, ist aus der Liste der aufgeführten Diskurstypen also am ehesten mit einem Amtsgespräch gleichzusetzen. Als Diskurs ist für diesen Text eine Firmeneintragung festzulegen, auch wenn diese nicht in der Tabelle aufgeführt ist. In Bezug auf die Situationstypologie wäre dieser Dolmetscheinsatz am ehesten mit einer inhaltsbetonten Dolmetschsituation gleichzusetzen.

6.2 Korpustext Literatur

Wie eingangs erläutert, ist die Situierung für den literarischen Text aus datenschutzrechtlichen Gründen generalisiert dargestellt. Die Rede, die ausformuliert verlesen wurde, wurde den Dolmetschern circa fünf Minuten vor Einsatzbeginn zur Verfügung gestellt. Das Team bestand aus drei Dolmetschern, gedolmetscht wurde simultan.

Der Diskursgrundtyp ist aufgrund der Tatsache, dass der Text vor Ort verlesen wird, ein Vortrag. Durch die Art der Veranstaltung ist der Diskurstyp als wichtiger Anlass zu kategorisieren. Der Diskurs wäre am ehesten als Festrede zu kategorisieren, während der Situationstyp form- und inhaltsbetont ist.

6.3 Korpustext Medizin

Der Korpustext aus dem Bereich der Humanmedizin weicht in seiner Art etwas von den vorherigen Texten ab, da es sich um eine Präsentation handelt, die stichwortartig formuliert wurde. Im Arbeitsalltag eines Dolmetschers ist die Zusendung von Vorbereitungsmaterial dieser Art häufig, daher ist es von Interesse, zu sehen, wie das NMÜS mit dieser Textsorte umgeht. Das Originaltextmaterial war eine Präsentation, die eine hohe Anzahl an Bildern beinhaltete. Um Layoutproblematiken zu umgehen und die Übersetzung des geschriebenen Texts zu erhalten, wurden alle Abbildungen entfernt und nur der Text mit Hilfe von DeepL übersetzt.

In Bezug auf die Diskurstypologie nach Kutz ist davon auszugehen, dass die Präsentation stellenweise frei vorgetragen und stellenweise abgelesen wird. Daraus ergibt eine Mischform aus freier Rede und Vortrag. Die Präsentation wurde auf einer internationalen Konferenz gehalten, somit ist der Diskurstyp als Konferenz zu klassifizieren. Bei dem Diskurs selbst handelt es sich um einen Informationsbeitrag und als Situationstyp ist eine inhaltsbetonte Dolmetschsituation festzulegen.

7 Bewertung von maschinell erstellten Übersetzungen im Dolmetschkontext

Die Bewertung von maschinell erstellten Übersetzungen im Dolmetschkontext stellt sich als ein Sonderfall dar, schon allein, weil sich die Bereiche der maschinellen Übersetzung und des Dolmetschens noch selten in der Praxis überschneiden. Die Anforderungen an die in der Dolmetschkabine verwendeten Übersetzung sind andere als die an eine zur Veröffentlichung bestimmte Übersetzung. Es gibt Bewertungskriterien für eine „klassische" Übersetzung, die zwangsläufig zu beachten sind, die hingegen gänzlich unbedeutend werden, sobald die Übersetzung in der Dolmetschkabine verwendet wird. Aufgrund dieser besonderen Situation eignen sich bewährte Evaluationsmodelle zur Übersetzungsbewertung wie beispielsweise von Nord (2009) oder House (1981), die auch in der Didaktik Anwendung finden, nicht unbedingt zur Beurteilung der in dieser Arbeit evaluierten Übersetzungen, da sich ihre Bewertungsparameter nicht flexibel anpassen lassen. Für das Forschungsvorhaben in der vorliegenden Arbeit ist ein Modell erforderlich, welches die Möglichkeit bietet, Bewertungskriterien frei zu wählen und auch die Gewichtung der einzelnen Fehler flexibel zu bestimmen.

7.1 Multidimensionale Qualitätsmessung (MQM)

Zur Bewertung der im Rahmen dieser Arbeit übersetzten Texte bietet sich das Evaluationsschema *Multidimensionale Qualitätsmessung* (MQM) an. Das Bewertungsschema wurde 2013 entwickelt und ist Teil des Quality Translation Technology Launch Pad (vgl. Lommel et al. 2014b: 165). Das Schema bietet einen flexiblen Rahmen zur Qualitätsbewertung von maschinell erstellten Übersetzungen, kann jedoch auch zur Bewertung von Humanübersetzungen verwendet werden. In diesem flexiblen Rahmen können sowohl die Qualität des Ausgangs- als auch Zieltextes bewertet werden (vgl. Lommel et al. 2014a: 1).

Die Besonderheit des MQM-Schemas ist, dass der Nutzer die Möglichkeit hat, Qualitätsmetriken selbst zu wählen und zu definieren. Denn laut den Entwicklern gibt es keine allgemeingültige Metrik zur Übersetzungsbewertung, die für jede Übersetzung adäquat ist. Jede Übersetzung bringt unterschiedliche Qualitätsanforderungen mit sich und es gibt somit keinen einheitlich geltenden Kriterienkatalog. Zudem können einzelne Fehler unterschiedlich stark gewichtet werden (vgl. Lommel et al. 2014a: 1). Mit diesen Eigenschaften erfüllt das MQM-Schema die Anforderungen zur Bewertung der Übersetzungen in diesem Forschungsvorhaben.

Der flexible Rahmen des MQM-Schemas beinhaltet nach der Version 1.0 (2015-12-30), die als Grundlage für diese Arbeit dient, verschiedene Fehlerkategorien (issue types). Auf der ersten Ebene des Schemas gibt es neun Fehlerkategorien: Genauigkeit (accuracy), Design (design), Lesefluss (fluency), Internationalisierung (internationalization), örtliche Bestimmungen (locale convention), Stil (style), Terminologie (terminology), Wirklichkeitsbezug (verity) und Andere (other). In der für diese Arbeit verwendete Version wird die Kategorie Kompatibilität (compatibility) von den Entwicklern als veraltet deklariert, da „sie Fehlerkategorien beinhaltet, die sich nicht mit der Übersetzungsqualität per se befassen" (Lommel et al. 2015b). Daher wird diese Fehlerkategorie nicht verwendet. Die Hauptkategorien des MQM-Kerns sind in über 100 weitere Kategorien[3] unterteilt (vgl. Lommel et al. 2015b).

---

3 In dieser Arbeit wird jedoch aufgrund des großen Umfangs des Schemas nur der Kern dargestellt. Bei bestehendem Interesse sind die vollständige Darstellung und Definition aller Kategorien unter der Webseite *http: //www.qt21.eu/mqm-definition/issues-list-2015-12-30.html* nachzusehen.

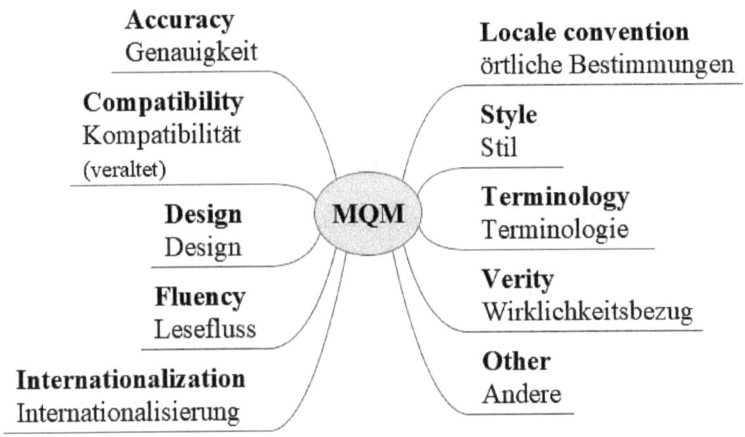

Abbildung 8: Kern des MQM-Schemas
Quelle: In Anlehnung an Lommel et al, 2015 a

7.2 Fehlergewichtung des MQM-Schemas im Dolmetschkontext

Wie eingangs erwähnt, können die Fehler im Rahmen des MQM-Schemas unterschiedlich gewichtet werden. Der Nutzer hat die Möglichkeit, zwischen drei unterschiedlichen Schweregraden zu wählen: geringfügige Fehler [m] (minor errors), gröbere Fehler [M] (major errors) und kritische Fehler [c] (critical errors).

Geringfügige Fehler [m] sind Fehler, die weder Lesefluss noch Textverständnis beeinflussen, wie beispielsweise ein zusätzliches Leerzeichen nach einem Punkt. Diese Fehler sind so geringfügig, dass der Leser problemlos in der Lage ist, sie selbst zu korrigieren (vgl. Lommel et al. 2015b).

Gröbere Fehler [M] stören zwar den Lesefluss, machen den Text allerdings nicht unverständlich. Zu dieser Art von Fehler gehören unter anderem falsch geschriebene Wörter. Der Leser kann einen gröberen Fehler zwar nicht zuverlässig und problemlos selbst korrigieren, jedoch macht dieser Fehler den Text nicht vollkommen unbrauchbar. Mit etwas Aufwand ist es dem Leser möglich, den Text zu lesen und zu verstehen (vgl. Lommel et al. 2015b).

Kritische Fehler [c] machen den Text, beziehungsweise den Satz, in dem sie stehen, unverständlich. Ein kritischer Fehler ist beispielsweise ein besonders schwerer Grammatikfehler, der den Sinn eines Textes verändert. Bereits ein einziger kritischer Fehler kann zu einer Fehlinformation führen, die im Ernstfall schwere Folgen für den Leser haben kann (vgl. Lommel et al. 2015b).

Die verschiedenen Fehlerstärken werden verwendet, um die Gesamtqualität des Translats zu errechnen (Mariana et al. 2015: 140). Diese Rechnung wird in Kapitel 7.7 „MQM Bewertungssystem und Ermittlung des OQS-Wertes“ aufgegriffen und detailliert beschrieben, da der OQS-Wert zur Beurteilung der maschinell erstellten Übersetzungen im Hinblick auf die Beantwortung der Forschungsfrage verwendet wird.

7.3 Auswahl und Definition der MQM-Kategorien im Dolmetschkontext

Einige der in Abbildung 8 aufgeführten Fehlerkategorien inklusive ihrer Subkategorien wurden nicht verwendet und bei der Bewertung ausgespart, da sie bei einer in der Kabine verwendeten Übersetzung schlichtweg keine Relevanz haben. Hierzu gehören Fehler wie inkonsistent verwendete Abkürzungen, inkorrekte Groß- und Kleinschreibung, den örtlichen Konventionen nicht entsprechendes Zahlenformat, fehlende Anführungszeichen und inkorrekte Zeichensetzung.

Die für diese Untersuchung relevanten Fehlerkategorien wurden nach einer vollständigen Nachbearbeitung der maschinell erstellten Übersetzung festgelegt. Das bedeutet, sowohl der Ausgangstext als auch der maschinell erstellte und unveränderte Zieltext wurden zunächst in einzelne Segmente unterteilt. Ein Segment besteht aus einem ausgangssprachlichen Satz (AT) und der dazugehörigen maschinellen Übersetzung (ZT). Nach der Einteilung der Segmente wurde jeder maschinell übersetzte Satz, sofern dieser einen oder mehrere Fehler enthielt, korrigiert. Die Fehler wurden in entsprechende Fehlerkategorien des Schemas eingeteilt und mit einem Fehlergrad versehen.

Nachfolgend wird die Kategorienauswahl der jeweiligen Korpustexte aus den verschiedenen Fachbereichen erläutert und die einzelnen Kategorien definiert. Lediglich die erste und zweite Ebene werden definiert, da die Bezeichnungen auf der dritten Ebene bereits so explizit sind, dass eine zusätzliche Definition redundant wäre.

7.4 Kategorienauswahl zur Bewertung des juristischen Texts

Die vollständige Nachbearbeitung der maschinell erstellten juristischen Übersetzung ergab die in Abbildung 9 abgebildeten Fehlerkategorien.

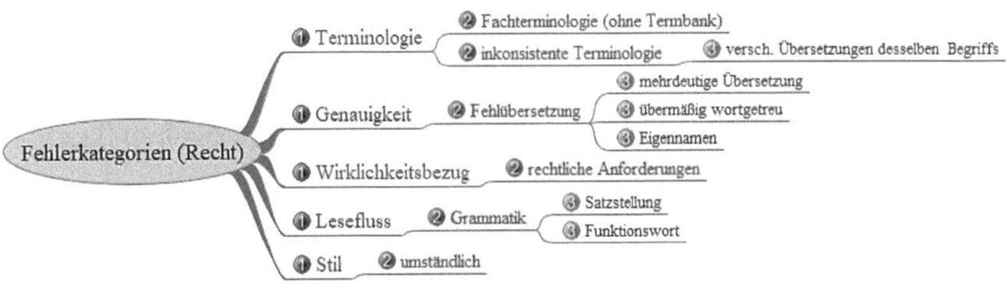

Abbildung 9: Fehlerkategorien (Recht)
Quelle: Eigene Darstellung

Zur Analyse des juristischen Texts wurden folgende Fehlerkategorien ausgewählt: „Terminologie“, „Genauigkeit“, „Wirklichkeitsbezug“, „Lesefluss“, „Stil“. Terminologiefehler stellen beispielsweise eine falsche Verwendung von Fachterminologie (ohne vorgegebene Termbank) oder die inkonsistente Verwendung von Fachterminologie wie die Verwendungen von verschiedenen Übersetzungen für einen Begriff innerhalb einer Übersetzung dar. Unter der Hauptkategorie „Genauigkeit“ sind auf der zweiten Ebene die Kategorien „unzureichende Übersetzung“ und „Fehlübersetzung“ angeordnet. An dieser Stelle ist zu erwähnen, dass es sich bei Fehlern der Kategorie „Fehlübersetzung“ nicht stets um eine vollkommen falsche Übersetzung handelte. Oft war es schlichtweg eine unpassende Übersetzung, der Kategorienname soll an dieser Stelle nicht irreführen. Zu einer „Fehlübersetzung“ wurden beispielsweise übermäßig wortgetreue oder mehrdeutige Übersetzungen gezählt, allerdings auch Teile, die nicht hätten übersetzt werden sollen. Unter der Hauptkategorie „Wirklichkeitsbezug“ sind Fehler eingeordnet, die dazu führen, dass der Text nicht den rechtlichen Anforderungen entspricht, wie sie in den Spezifikationen festgelegt sind. In die Hauptkategorie „Lesefluss“ werden Fehler eingeordnet, die das Verstehen des Textes erschweren, auf der zweiten Ebene ist die Unterkategorie Grammatik zu finden. Unter der Fehlerkategorie „Stil“ werden alle Fehler gewertet, die den Stil des Textes beeinflussen. Weiter unterteilt wird auf der zweiten Ebene in die Kategorie „nicht idiomatisch“. Ein Text ist umständlich (awkward), wenn viele Einschübe enthalten sind und übermäßig wortreich geschrieben wurde. Zwar ist der Sinn des Textes verständlich, doch bereitet es dem Leser Mühe, den Text zu lesen (vgl. Lommel et al. 2015a).

7.5 Kategorienauswahl zur Bewertung des literarischen Texts

Die vollständige Nachbearbeitung der maschinell erstellten literarischen Übersetzung ergab die in Abbildung 10 abgebildeten Fehlerkategorien.

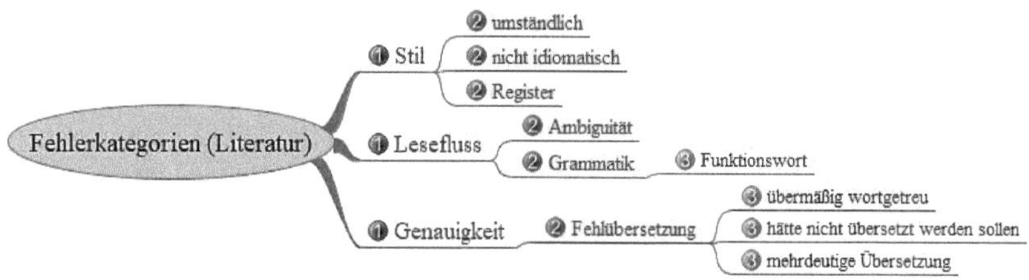

Abbildung 10: Fehlerkategorien (Literatur)
Quelle: Eigene Darstellung

Um Redundanzen zu umgehen, werden bereits unter 7.4 definierte Kategorien in diesem Abschnitt nicht erneut definiert. Zur Analyse des literarischen Texts wurden auf der ersten Ebene folgende Fehlerkategorien ausgewählt: „Stil“, „Lesefluss“ und „Genauigkeit“. Die Hauptkategorie „Stil“ hat bei der Bewertung des literarischen Textes die Subkategorien „umständlich“, „nicht idiomatisch“ und „Register“. Die Hauptkategorie „Lesefluss“ ist auf der zweiten Ebene unterteilt in die Kategorie „Ambiguität“. Ein Fehler der Kategorie „Ambiguität“ sorgt dafür, dass der Text keine offensichtliche Bedeutung mehr hat und auf unterschiedliche Weisen verstanden werden kann. Diese Kategorie bezieht sich sowohl auf Unklarheiten im Ausgangs- als auch im Zieltext. Die Fehlerkategorie „mehrdeutige Übersetzung“ bezieht sich im Gegensatz zu der Kategorie „Ambiguität“ nur auf den Zieltext und eine Mehrdeutigkeit, die offensichtlich durch den Übersetzungsprozess entstanden ist (vgl. Lommel et al. 2015a).

7.6 Kategorienauswahl zur Bewertung des medizinischen Texts

Die vollständige Nachbearbeitung der maschinell erstellten medizinischen Übersetzung ergab die in Abbildung 11 abgebildeten Fehlerkategorien.

Abbildung 11: Fehlerkategorien (Medizin)
Quelle: Eigene Darstellung

Die in der Analyse verwendeten Fehlerkategorien sind auf erster Ebene „Genauigkeit“, „Lesefluss“, „Terminologie“, und „Stil“. Sie gleichen den vorab verwendeten Kategorien, somit sind ihre Definition den Kapiteln 7.4 und 7.5 zu entnehmen.

7.7 MQM Bewertungssystem und Ermittlung des OQS-Wertes

Nach Auswahl der Fehlerkategorien lässt sich die Qualität der Übersetzung mit einem im Rahmen des MQM-Projekts entwickelten Bewertungssystem (scoring system) ermitteln. Die Gleichung zur Errechnung der Gesamtqualität soll an dieser Stelle oberflächlich für das Verständnis erläutert werden. Die hier aufgeführten Werte ergeben sich aus mehreren vorhergehenden Gleichungen, die an dieser Stelle allerdings wenig Relevanz für das Ziel dieser Forschung haben und somit nicht weiter behandelt werden. Die explizite Anwendung der Gleichung erfolgt in Kapitel 10.1.

Die Gleichung ist wie folgt darzustellen:

$$OQS = MSV - P_i$$

Erläuterungen:

OQS = Qualitätswert gesamt

MSV = maximaler Punktwert, hier standardmäßig 100

P_i = Summe der Strafwerte der einzelnen Kategorien

Die Summe der Strafwerte der einzelnen Kategorienarme (P_i) wird wie folgt errechnet:

$$\frac{Pi = (m\,x\,1 + M\,x\,5 + c\,x\,25)}{Wortmenge}$$

Gemäß dem dieser Arbeit zu Grunde liegenden MQM Scoring Model werden geringfügige Fehler [m] mit dem Wert 1 multipliziert, gröbere Fehler [M] mit dem Wert 5 und kritische Fehler [c] mit dem Wert 25, die Gesamtsumme wird anschließend durch die Wortmenge dividiert. Dies führt dazu, dass der OQS-Wert im Verhältnis zur Gesamtwortmenge steht. Je höher der finale OQS-Wert ist, gemessen an dem festgelegten MSV, desto hochwertiger ist die Übersetzung in ihrer Qualität (vgl. LTCA 2019: 5–9).

8 Dolmetschspezifische Schwierigkeiten

Besonders interessant ist neben der allgemeinen Übersetzungsqualität, dargestellt durch die OQS-Werte, der Umgang des neuronalen maschinellen Übersetzungssystems mit dolmetschspezifischen Schwierigkeiten.

Dolmetschspezifische Schwierigkeiten stellen sowohl erfahrene Dolmetscher als auch Berufseinsteiger vor eine Hürde. Je nach Praxiserfahrung, Fachwissen, Spezialisierung, Fähigkeiten und Fertigkeiten etc. gelingt es einigen leichter, diese zu bewältigen, anderen verlangt es mehr ab. Gefühlsäußerungen, Witze, Kulturspezifika, dialektale Ausdrücke, Modewörter und Neologismen müssen während des Dolmetschprozesses innerhalb von Bruchteilen von Sekunden qualitativ hochwertig verarbeitet werden (vgl. Rütten 2007: 108–109).

Doch auch bei der Bearbeitung von Vorbereitungsmaterial stößt der Dolmetscher regelmäßig auf Ausdrücke, die aus sprachmittlerischer Sicht eine Herausforderung darstellen. Die Bearbeitung dieser Ausdrücke und das Finden einer Lösung beansprucht wertvolle Vorbereitungszeit. Es wäre also hilfreich, eine Möglichkeit, besser gesagt ein Werkzeug zu finden, welches dabei hilft, diese anspruchsvollen Textstellen besser und weniger zeitaufwendig zu lösen.

Die Untersuchung auf dolmetschrelevante Probleme basiert auf Kutz' Ausführungen in *Dolmetschkompetenz* (2010) und *Dolmetschkompetenz Band II* (2012). Aufgeführt wird von ihm unter anderem die „aktuelle Entsprechungslücke". In diesem Fall erlebt der Dolmetscher eine Aufrufblockade für die zielsprachliche Entsprechung eines Begriffs seiner Muttersprache, beispielsweise „Messegelände". Das Konzept ist bekannt, allerdings fehlt die zielsprachliche Bezeichnung. Zum Überkommen dieser aktuellen Entsprechungslücke muss er einen anderen Wortlaut wählen (vgl. Kutz 2010: 456). Um häufigere Aufrufblockaden zu verhindern, kann mit der gezielten Einprägung vorgebeugt werden. Wörter, die besonders häufig zu Schwierigkeiten bei der Aussprache führen, können durch wiederholtes, lautes Aussprechen geübt werden und während des Dolmetscheinsatzes in Sichtweite als Notiz in der Kabine angebracht werden (vgl. Rütten 2007: 108–109).

Als semantischer Erschließungsfall gelten Ausdrücke, die dem Dolmetscher trotz umfangreicher Vorbereitung und einem annehmbaren Darbietungstempo des Originals „unbekannt" oder „nicht ganz geläufig" sind (vgl. Kutz 2012: 417–418). Häufig zählen zu den semantischen Erschließungsfällen Eigennamen von Organisationen, Einrichtungen oder Programmen, ebenso wie kulturspezifische Erscheinungen, Regionalismen jeglicher Art oder Fachwörter, feststehende Wendungen und Idiome, Neuschöpfungen, individuelle und bildhafte Ausdrücke (vgl. Kutz 2012: 424). Um diese Fälle zu lösen, steht dem Dolmetscher ein recht breites Repertoire an Möglichkeiten zur Verfügung. Genannt sei das semantische Erschließen per Inferenz, indem der Dolmetscher durch angeeignetes Kontextwissen logisch schlussfolgert. Die Kommunikationssituation gibt Aufschluss über Faktoren wie die Rednerabsicht, auch dies kann bei der Überwindung der Schwierigkeiten helfen. Des Weiteren kann sich der Dolmetscher stimmlicher oder parasprachlicher Mittel wie der Mimik, Gestik, Körperhaltung oder Augenkontakt des Redners bedienen. Lexemische Indikatoren wie Wortstämme, Flexionen, Junktionsbedeutungen und Wortbildungskonventionen, lexembildende Hilfen aus anderen Sprachen und logisch-begriffliche Indikatoren können bei der semantischen Erschließung helfen (vgl. Kutz 2012: 425–426). Um sich Zeit zum Lösen der komplexen Stellen zu schaffen, kann der Dolmetscher seine Décalage um einige Sekunden vergrößern. Allerdings ist bei dieser Strategie Vorsicht geboten, da bei einer zu langen Verzögerung wichtige Informationen verloren gehen können. Abgesehen von diesen internen Möglichkeiten kann der Dolmetscher auch Hilfe und Unterstützung von seinem Kabinenpartner erhalten oder auf Vorbereitungsmaterial in der Kabine zurückgreifen (vgl. Gile 2009: 201–203).

9 Textuelle Vorbereitung auf den Dolmetscheinsatz am Translat

Der letzte zu untersuchende Aspekt ist die Eignung der Translate zur textuellen Vorbereitung auf den Dolmetscheinsatz nach Kutz. Im Theorieteil wurde unter 2.1 bereits erörtert, was unter der textuellen Vorbereitung verstanden wird. In diesem Kapitel werden die theoretischen Ausführungen von Kutz in den Kontext dieser Arbeit gesetzt, da von einem Dolmetschszenario mit Textvorlage, in diesem Fall einer maschinell erstellten Übersetzung, ausgegangen wird. Dieser Umstand führt dazu, dass nicht alle von Kutz aufgeführten textuellen Vorbereitungsschritte im gleichen Ausmaß ausgeführt werden, beziehungsweise mitunter einem anderen Zweck dienen.

Das Unterstreichen und die Neuverortung der Verben hilft dem Dolmetscher beim Umgang mit den unterschiedlichen Satzstrukturen der beiden Arbeitssprachen (vgl. Kutz 2010: 308). Bei dem Dolmetschen mit einer maschinell erstellten Übersetzung als Vorlage dient die Markierung der Verben eher der Orientierung des Dolmetschers im Text selbst und gegebenenfalls als Stütze, sollte Bedarf bestehen, eine Satzstruktur spontan anzupassen.

Das Zerlegen komplexer Komposita ist Teil der textuellen Vorbereitung, um die richtige Entsprechung in der Zielsprache zu finden und andernfalls umschreiben zu können (vgl. Kutz 2010: 308). Besonders die deutsche Wissenschaftssprache ist durch ihren Nominalstil geprägt, welcher eher untypisch für die englische Sprache ist (vgl. Clyne 1991: 57). Im Szenario dieser Arbeit steht im besten Fall die richtige Entsprechung oder Umschreibung des Kompositums korrekt in der Übersetzung, kann ohne weiteren Aufwand übernommen werden und spart dem Dolmetscher somit einen Vorbereitungsschritt. Die genaue Untersuchung des Inhaltes des Textes ist sowohl im „klassischen“ Dolmetschszenario als auch in dem Szenario dieser Arbeit fundamental und unerlässlich. Je tiefgehender die zu dolmetschende Thematik verstanden wird, desto präziser kann die Verdolmetschung geschehen, da die umfassende Kenntnis der Thematik es dem Dolmetscher erlaubt, sich von der Wortebene zu lösen und ein kohärentes Ganzes zu schaffen und die korrekte Wiedergabe der Informationen zu sichern (vgl. Gile 2009: 161–162).

Auch beim Dolmetschen mit Textvorlage ist von spontanen Abweichungen des Redners vom Manuskript auszugehen, daher sollte der Dolmetscher auch bei der Verwendung einer Übersetzung inhaltlich umfangreich informiert sein. Ein wichtiger Schritt in der textuellen Vorbereitung ist die Erfassung des kommunikativen Sinns der Rede, dem sogenannten Redetext-Rhema. Hierzu werden ferner die Basissachverhalte der einzelnen Redetextabschnitte markiert, um dem Gedankengang des Redners leichter zu folgen und sich thematisch im Text zu orientieren (vgl. Kutz 2010: 308). Die Markierung der Basissachverhalte und des Redetext-Rhemas gilt auch beim Dolmetschen mit einer Übersetzung als Vorlage zunächst in erster Linie zur Sinnerfassung und zur thematischen Orientierung. Zudem wird auf diese Weise sichergestellt, dass die wichtigsten Aussagen des Textes gedolmetscht werden. Die Markierung von redundanten Stellen im Text hat in beiden Szenarien die gleiche Funktion. Der Dolmetscher kann Redundanzen zeiteinsparend komprimieren oder gar auslassen, sollten sie wirklich irrelevant sein. Eine Liste mit Entsprechungen, die dem Dolmetscher partout nicht einfallen, kann beim Dolmetschen mit einer vorliegenden Übersetzung entfallen, sofern diese Entsprechungen von dem Programm richtig übersetzt wurden und verwendet werden können. Eine thematische Liste mit häufig verwendeten Begriffen anzulegen, ist in beiden Dolmetschszenarien empfehlenswert.

10 Ergebnisanalyse

In der vorliegenden Ergebnisanalyse werden die Daten, die durch die Untersuchung der drei Aspekte **OQS-Wert**, **Umgang mit dolmetschspezifischen Schwierigkeiten** und die **Eignung der Übersetzungen zur textuellen Dolmetschvorbereitung** erhoben werden konnten, vorgestellt. Neben der Vorstellung der Ergebnisse der drei Bewertungsparameter wird eine Textbeispielanalyse für den juristischen Text vorgenommen, die im Zusammenhang mit dem OQS-Wert steht. Die dort vorgestellten Textbeispiele dienen dazu, die recht abstrakten Fehlermengen mit tangibleren Auszügen aus der tatsächlichen Übersetzung zu untermalen, um ein Bild darüber zu verschaffen, wie sich bestimmte Fehlerkategorien in einer Übersetzung widerspiegeln.

Zu Beginn des Analyseteils sei eine grundsätzliche und wichtige Anmerkung gemacht. Sowohl die Fehlermarkierungen und die daraus resultierenden Werte als auch die Verbesserungsvorschläge im Rahmen der Analyse unterliegen einer unvermeidbaren Subjektivität und erheben keinen Anspruch auf allgemeingültige Richtigkeit oder Vollständigkeit. Insbesondere in Hinblick auf die Korrekturvorschläge gibt es zahlreiche Möglichkeiten, von denen nach bestem Wissen die passendste gewählt wurde. Bei Betrachtung der Fehlermarkierungen und Korrekturvorschläge sollte berücksichtigt werden, dass diese von einer Nichtmuttersprachlerin angefertigt wurden. Hinzu kommt, dass jeder Dolmetscher, basierend auf seinem persönlichen Fach- und Weltwissen, seiner Praxiserfahrung und Recherchekompetenz, unterschiedliche Textstellen als problematisch oder einfach auffasst.

In der neuronalen maschinellen Übersetzung werden sogenannte rekurrente neuronale Netzwerke verwendet. Deren Aufbau und Funktionsweise kann dazu führen, dass sich die Übersetzungsergebnisse unterscheiden, wenn sie an verschiedenen Tagen oder zu unterschiedlichen Tageszeiten angefertigt werden (vgl. Krüger 2017: 41). Um möglichst ähnliche Bedingungen für alle Korpustexte zu schaffen, wurden diese am gleichen Tag, 03.02.2020, zu nah beieinanderliegenden Uhrzeiten übersetzt. Der juristische Text wurde um 20: 30 MEZ übersetzt, der literarische um 20: 28 MEZ und der medizinische Text um 20: 29 MEZ.

Aufgrund des begrenzten Umfangs der vorliegenden Arbeit wurden nicht alle Textsegmente in den Fließtext aufgenommen und analysiert, dies ist auch nicht die Absicht dieser Forschung. Bei bestehendem Interesse kann die vollständig analysierte Übersetzung des juristischen Fachtextes im Anhang II nachvollzogen werden.

10.1 Erreichte OQS-Werte der DeepL-Übersetzungen

Bei der Bestimmung der Korpustexte wurde beachtet, dass die Texte jeweils etwa die gleiche Länge haben. Zur Orientierung diente die Zeichenanzahl einer Normseite, somit umfassen die ausgangssprachlichen Texte alle ca. 1500 Zeichen, beziehungsweise zwischen 277 und 300 Wörtern. Abweichungen von diesem Orientierungswert sind damit zu begründen, dass auf die Vollständigkeit der Textkorpora geachtet wurde und aufgrund dessen Sätze nicht unnatürlich beendet wurden, sondern in ihrer Gesamtheit aufgenommen wurden. Die geringfügigen Unterschiede in der Wortmenge wirken sich allerdings nicht auf den OQS-Wert der Übersetzung aus, da die Wortmenge in der Gleichung berücksichtigt wird und der OQS-Wert somit im Verhältnis zu ihr steht. Für die Berechnung des OQS-Wertes wurde die Wortmenge des Zieltextes verwendet.

Tabelle 2: Wortmengen der Ausgangs- und Zieltexte

Themengebiet	Wortmenge
Recht	300 (AT) 352 (ZT)
Literatur	276 (AT) 313 (ZT)
Medizin	284 (AT) 285 (ZT)

Quelle: Eigene Darstellung

In Tabelle 2 sind die drei Korpustexte inklusive ihrer Wortmenge und dem Themengebiet, dem sie entstammen, aufgeführt. In der Spalte „Wortmenge“ sind zwei Angaben zu finden. Zum einen die Wortmenge des Ausgangstextes und zum anderen die Wortmenge des Zieltextes. Bei der Wortmenge des Zieltextes handelt es sich um den bereinigten Wert. Die Übersetzungen, die nach der Anfertigung mit DeepL heruntergeladen werden, sind mit einer Kopfzeile versehen, die Werbeinformationen und die Internetadresse beinhaltet. Diese Kopfzeile kann nicht geändert oder gelöscht werden und beinhaltet insgesamt 14 Wörter, die von der finalen ZT-Wortmenge abgezogen wurden, um einer Verfälschung des Ergebnisses zu vermeiden.

Bereits bei Betrachtung der ausgangssprachlichen und zielsprachlichen Wortmenge im Vergleich fällt auf, dass die Wortmengen der jeweiligen Zieltexte nach der Übersetzung wesentlich voneinander abweichen. Die medizinische Übersetzung beinhaltet nahezu die gleiche Wortmenge wie der Ausgangstext, während es im literarischen Zieltext 37 und im juristischen Zieltext 52 Wörter mehr sind.

Bei der Einteilung der Fehler in die Fehlerkategorien des MQM-Schemas war teilweise eine Mehrfachkategorisierung möglich, da einige Fehler mehr als einer Kategorie entsprachen. In solchen Fällen wurde die finale Kategorie an dem Sekundäreffekt orientiert, um ein aussagekräftigeres Fehlerprofil zu erreichen. Das bedeutet, wenn beispielsweise eine zu wörtliche Übersetzung eine Mehrdeutigkeit in Bezug auf das Textverständnis zur Folge hat, würde dieser Fehler als „mehrdeutige Übersetzung“ und nicht als „übermäßig wortgetreu“ kategorisiert werden. Sehr geringfügige Fehler oder Fehler, die für einen Dolmetscher während seiner Arbeit nicht von Relevanz sind, wurden, wie bereits erläutert, nicht beachtet oder mit der geringsten Fehlergewichtung [m] versehen.

Nachfolgend sind die Fehlermengen und Einordnungen in die Kategorien tabellarisch aufgeführt. Zur einfacheren Übersicht wurden nur die Kategorien der ersten Ebene mit der Summe ihrer Subkategorien dargestellt. Durch Anwendung der unter 7.7 erörterten Gleichung wurde der OQS berechnet. In den dargestellten Tabellen ist der MSV auf den Wert 100 festgelegt.

Juristischer Text

Tabelle 3: OQS-Wert der juristischen Übersetzung

Wortmenge (ZT)	352			
Fehlergewichtung	1	5	25	
Fehler	geringfügig [m]	grob [M]	kritisch [c]	Summe
Terminologie	0	0	2	50
Genauigkeit	2	2	1	37
Wirklichkeitsbezug	1	0	0	1
Lesefluss	1	1	0	6
Stil	2	0	0	2
MSV	100			
OQS	**72,72727273**			

Quelle: Eigene Darstellung

Literarischer Text

Tabelle 4: OQS-Wert der literarischen Übersetzung

Wortmenge (ZT)	313			
Fehlergewichtung	1	5	25	
Fehler	geringfügig [m]	grob [M]	kritisch [c]	Summe
Genauigkeit	9	1	1	39
Lesefluss	0	1	0	5
Stil	13	2	0	23
MSV	100			
OQS	**78,5942492**			

Quelle: Eigene Darstellung

Medizinischer Text

Tabelle 5: OQS-Wert der medizinischen Übersetzung

Wortmenge (ZT)	285			
Fehlergewichtung	1	5	25	
Fehler	geringfügig [m]	grob [M]	kritisch [c]	Summe
Terminologie	1	1	2	56
Genauigkeit	1	4	4	121
Lesefluss	0	0	1	25
Stil	6	0	0	6
MSV	100			
OQS	**27,01754386**			

Quelle: Eigene Darstellung

Gemäß den MQM-Entwicklern lassen sich die Werte, ausgehend von einem MSV von 100, wie folgt einordnen:

Tabelle 6: Einordnung der MQM-Werte

90–100	Ausgezeichnet, herausragende Qualität ohne signifikante Fehler
80–89	Sehr gut, überdurchschnittliche Qualität, allerdings mit geringfügigen Fehlern
70–79	Gut, allgemein zufriedenstellende Qualität, allerdings mit geringfügigen Fehlern
60–69	Zufriedenstellend, durchschnittliche Qualität, allerdings mit signifikanten Unzulänglichkeiten
50–59	Ausreichend, Qualität entspricht knapp den Mindestanforderungen
<50	Mangelhaft, Verbesserungen benötigt, um den Mindestanforderungen zu entsprechen

Quelle: LTCA, 2019, S. 18

Die errechneten Werte der Übersetzungen in den verschiedenen Fachbereichen mögen auf den ersten Blick extrem erscheinen, doch lassen sich die Werte bei detaillierter Betrachtung der Fehlerstärken besser nachvollziehen. Wie aus der Rechnung hervorgeht, wird ein geringfügiger Fehler [m] mit dem Wert 1 multipliziert, während ein gröberer Fehler [M] mit dem Wert 5 und ein kritischer Fehler [c] mit dem Wert 25 multipliziert wird. Infolgedessen fallen wenige kritische Fehler [c] stärker ins Gewicht als viele geringfügige Fehler [m]. Dies ist der Fall bei der Übersetzung aus dem medizinischen Fachbereich. Die literarische Übersetzung hat eine Gesamtfehlerzahl von 27, während die medizinische Übersetzung eine Gesamtfehlerzahl von 19 hat, doch ist die Mehrheit der Fehler gröberer [M] oder kritischer [c] Natur, sodass sich trotz einer geringen Gesamtfehlerzahl ein schlechterer OQS-Wert ergibt. Abbildung 12 verdeutlicht diese Unterschiede der absoluten Werte in der Fehlergewichtung.

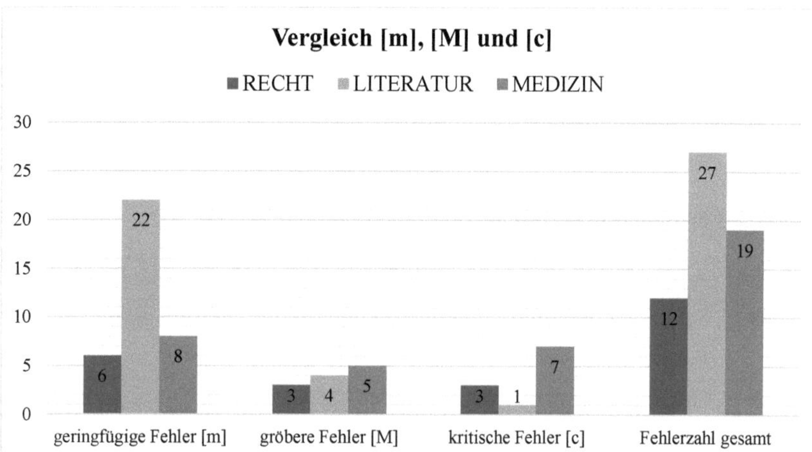

Abbildung 12: Vergleich der Fehlerstärken relativ zur Gesamtfehlerzahl
Quelle: Eigene Darstellung

10.2 Gegenüberstellung der Fehlerkategorien

Neben den OQS-Werten und der Verteilung der unterschiedlichen Fehlerstärken, sollen auch die Subkategorien der am häufigsten vergebenen Fehlerkategorien

Beachtung finden. Zunächst werden die Hauptkategorien der ersten Ebene in Form eines Kreises dargestellt. Um ein detaillierteres Fehlerprofil zu erhalten, sind die Subkategorien der am häufigsten vergebenen Fehlerkategorie auf der zweiten Ebene dargestellt. Die Fehlergewichtung wird bei dieser Betrachtung außer Acht gelassen. Textbeispiele für die am häufigsten vergebenen MQM-Fehlerkategorien in der juristischen Übersetzung werden in Kapitel 10.5 exemplarisch aufgeführt und analysiert.

In der Bewertung der Übersetzung des juristischen Textes ist die am häufigsten vergebene Fehlerkategorie „Genauigkeit", dargestellt in Abbildung 13. Die Kategorie macht 41,67% der Gesamtfehlerzahl aus. Die 41,67% setzen sich aus den Subkategorien „Eigennamen" mit 16,67%, „mehrdeutige Übersetzung" mit 16,67% und „übermäßig wortgetreu" mit 8,33% zusammen.

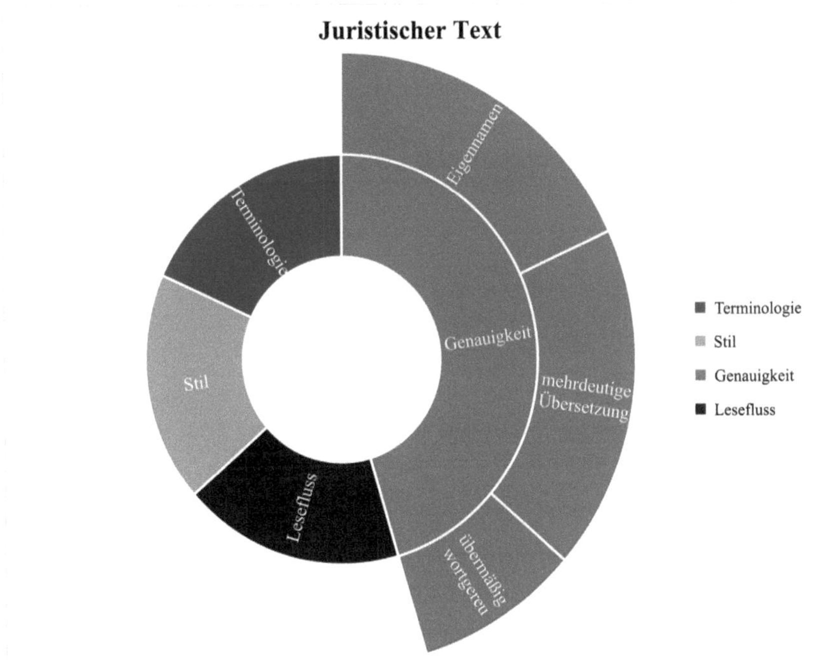

Abbildung 13: Verteilung der Fehlerkategorien im juristischen Text
Quelle: Eigene Darstellung

In der Bewertung der literarischen Übersetzung wurde der Großteil der Fehler in die Hauptkategorie „Stil“ eingeordnet. Sie macht insgesamt 55,56% der Gesamtfehlermenge aus. Die Subkategorien sind „nicht idiomatisch“ mit 37,04%, „umständlich“ mit 11,11%, und „Register“ mit 7,41%.

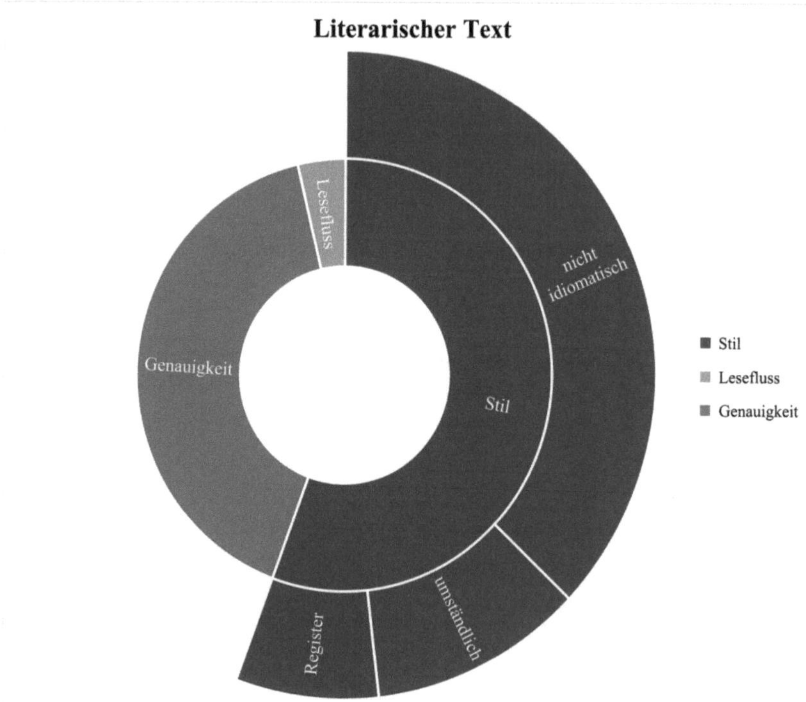

Abbildung 14: Verteilung der Fehlerkategorien im literarischen Text
Quelle: Eigene Darstellung

Die meisten Fehler in der medizinischen Übersetzung wurden der Hauptkategorie „Genauigkeit“ zugeordnet. Sie macht 45% der Gesamtfehlermenge aus. Die 45% sind unterteilt in die Subkategorien „Fehlübersetzung“ mit 25% und „nicht übersetzt“ mit 20%.

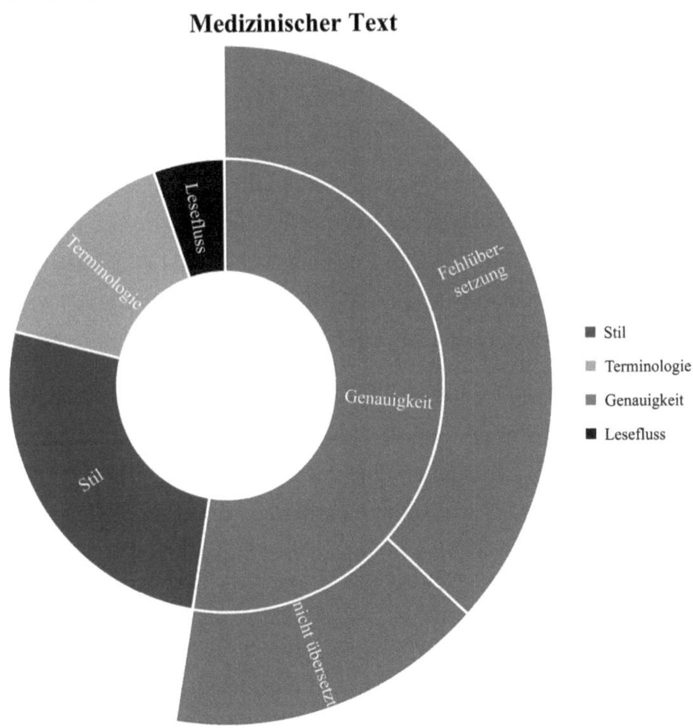

Abbildung 15: Verteilung der Fehlerkategorien im medizinischen Text
Quelle: Eigene Darstellung

10.3 Umgang mit dolmetschspezifischen Schwierigkeiten

In diesem Unterkapitel soll durch die Analyse von Textauszügen erörtert werden, wie das NMÜS DeepL mit dolmetschspezifischen Schwierigkeiten der jeweiligen Korpustexte umgegangen ist und ob zufriedenstellende Terminologie gefunden werden konnte. Vor ihrer Übersetzung durch DeepL wurden die Korpustexte auf dolmetschspezifische Schwierigkeiten untersucht, diese wurden markiert und klassifiziert. Die Auswahl und Markierung basieren auf den methodischen Ausführungen in Kapitel 8. Es handelt sich um Textstellen, denen in der klassischen Dolmetschvorbereitung besondere Aufmerksamkeit gewidmet werden müsste, um sie in der Dolmetschsituation gut lösen zu können. Aufgrund des erhöhten

Zeitaufwandes, den diese Stellen normalerweise beanspruchen, ist es von Interesse zu untersuchen, ob DeepL gute Lösungen für die dolmetschspezifischen Schwierigkeiten des Textes findet und somit eine Erleichterung für den Dolmetscher in seiner Vorbereitungsarbeit darstellen kann.

Für die Analyse in diesem Kapitel wurden die ausgangssprachlichen Textstellen extrahiert und in nummerierter Segmentform, inklusive der jeweiligen Übersetzung, dargestellt. Aktuelle Entsprechungslücken sind grau unterlegt. Den dargestellten Segmenten folgen kurze Ausführungen zu den von DeepL gewählten Übersetzungen und möglichen Alternativen bei einer Fehlübersetzung.

Da dieses Unterkapitel ausschließlich der Betrachtung der Lösung der dolmetschspezifischen Schwierigkeiten dient, wurden übrige Übersetzungsfehler, die in einem dargestellten Segment möglicherweise vorkommen, allerdings nicht als dolmetschspezifische Schwierigkeit klassifiziert wurden, nicht beachtet. Aus datenschutzrechtlichen Gründen erfolgt an dieser Stelle ausschließlich die Darstellung der dolmetschspezifischen Schwierigkeiten des juristischen Fachtextes.

Bei der Untersuchung des juristischen Ausgangstexts wurden ausschließlich aktuelle Entsprechungslücken festgestellt. Hierbei handelte es sich in der Regel um juristische Fachterminologie zum Thema Firmenneueintragung, deren Bedeutung zwar bekannt war, eine passende Entsprechung jedoch recherchiert werden musste.

Segment: 3	*Dolmetschspezifische Schwierigkeit*
AT	Neueintragung Firma: [geschwärzt]. (Zweigniederlassung einer Gesellschaft mit beschränkter Haftung nach dem Recht von England und Wales)
ZT	New registration Company: [geschwärzt]. (Branch of a limited liability company incorporated under the laws of England and Wales)

Die Übersetzung des Begriffs „Neueintragung“ wäre in diesem Beispiel besser mit „Entry“ gelungen, um die Eindeutigkeit herzustellen, dass es sich hier um einen Eintrag in das Handelsregister handelt (vgl. Hemetsberger 2020f). „Zweigniederlassung einer Gesellschaft mit beschränkter Haftung“ wurde korrekt mit „Branch of a limited liability company“ übersetzt (vgl. Dietl und Lorenz 2016: 495), ebenso wie der Zusatz „nach dem Recht von England und Wales“ korrekt mit „incorporated under the laws of England and Wales“ übersetzt wurde (vgl. Hemetsberger 2020g).

Segment: 4	*Dolmetschspezifische Schwierigkeit*
AT	Zur Eintragung in das Handelsregister wird angemeldet:
ZT	An application for entry in the commercial register is being filed:

Zwar sind die einzelnen Substantive „Eintragung“ und „Handelsregister“ in angebrachter Art und Weise übersetzt (vgl. Dietl und Lorenz 2016: 294; Schmidt 2020f), allerdings wurde das Vorgangspassiv aus der deutschen Struktur zu wörtlich übernommen, sodass die englische Satzstruktur mit Verwendung des Partizip Präsens des Verbs „be“ umständlich klingt, ebenso wie die Verwendung des unbestimmten Artikels „An“ vor dem englischen Substantiv.

Segment: 7	*Dolmetschspezifische Schwierigkeit*
AT	Errichtende Gesellschaft:
ZT	Establishing society:

Der in Segment 7 markierte Ausdruck „Errichtende Gesellschaft“, der die Firma, deren Eigentümer zur Eintragung anreisten, bezeichnet, wurde zufriedenstellend mit „Establishing society“ übersetzt (vgl. Dietl und Lorenz 2016: 803).

Segment: 10	*Dolmetschspezifische Schwierigkeit*
AT	Eingetragener Sitz der Gesellschaft ist ████ und ███.
ZT	The registered office of the company is in ████ and ███.

Die in Segment 10 dargestellte aktuelle Entsprechungslücke „Eingetragener Sitz", die den Hauptsitz der Firma bezeichnet, wurde zufriedenstellend übersetzt (vgl. Hemetsberger 2020c).

Segment: 12	*Dolmetschspezifische Schwierigkeit*
AT	Die Gesellschaft ist seit dem [redacted] im Handelsregister für [redacted] und [redacted] ([redacted]) in [redacted] eingetragen unter der Firmennummer: [redacted].
ZT	The company has been registered in the Commercial Register for [redacted] and [redacted] ([redacted]) in [redacted] under company number: [redacted] since [redacted].

Das „Handelsregister" bezeichnet ein elektronisch geführtes Register, in dem sowohl die Kaufleute und Handelsgesellschaften als auch deren Firmen verzeichnet sind. Auf diese Weise werden bestimmte Rechtsvorgänge offenkundig gemacht (vgl. Berwanger 2018b). Der Begriff wurde zufriedenstellend mit „Commercial Register" übersetzt (vgl. Schmidt 2020f).

Segment: 15	*Dolmetschspezifische Schwierigkeit*
AT	Das Haftungskapital beträgt 1 GBP, Sacheinlagen wurden nicht vereinbart und geleistet.
ZT	The guarantee capital is GBP 1, contributions in kind were not agreed and paid.

Das Substantiv „Haftungskapital" beschreibt in diesem Szenario das Eigenkapital (vgl. bpb 2016) und meint die eigenen finanziellen Mittel des Unternehmers, die zu einem bestimmten Zeitpunkt in das Unternehmen investiert wurden. Die korrekte Übersetzung des Terms ist „equity", somit ist die in Segment 15 dargestellte Übersetzung fehlerhaft (vgl. Dietl und Lorenz 2016: 803).

Das Substantiv „Sacheinlagen" beschreibt eine Einlage, die nicht durch Bareinzahlung verrichtet wird, sondern durch Objekte wie beispielsweise Maschinen, Gebäude, Grundstücke oder ähnliches (vgl. Lübbersmann 2004: 1113). Die korrekte Übersetzung ist wie in Segment 15 dargestellt „contributions in kind" (vgl. Schmidt 2020k).

Segment: 22	*Dolmetschspezifische Schwierigkeit*
AT	Gegenstand dieser Zweigniederlassung: Instandhaltung von Flugzeugkomponenten.
ZT	the object of that branch: Maintenance of aircraft components.

Mit dem in Segment 22 dargestellten Ausdruck „Gegenstand dieser Zweigniederlassung" wird die wirtschaftliche Aufgabe der Zweigniederlassung bezeichnet (vgl. Bibliographisches Institut GmbH 2020). Die Übersetzung mit „the object of that branch" erfolgte zu wörtlich. Textsortentypisch wäre die Übersetzung idiomatisch gelungener mit „Business" (vgl. Hemetsberger 2020b).

Segment: 24	*Dolmetschspezifische Schwierigkeit*
AT	Vertretungsbefugnis
ZT	Power of representation

Im Rahmen einer „Vertretungsbefugnis" werden durch Vereinbarungen und Gesetze festgelegt, was der Vertreter rechtlich darf und in welchem Umfang. Auf diese Weise wird definiert, in welcher Dimension der Vertretene an die Handlungen des Vertreters gebunden ist (vgl. Vogt 2020). In diesem Beispiel wurde das Substantiv korrekt mit „Power of representation" übersetzt (vgl. Hemetsberger 2020l).

Segment: 26	*Dolmetschspezifische Schwierigkeit*
AT	Die Gesellschaft kann durch Gesellschafterbeschluss einem oder mehreren Geschäftsführern die Befugnis erteilen, die Gesellschaft stets einzeln zu vertreten.
ZT	The Company may, by resolution of the shareholders, authorise one or more managing directors to represent the Company individually at all times.

Ein „Gesellschafterbeschluss" bezeichnet eine Entscheidung, die von allen Gesellschaftern getroffen wird (vgl. Berwanger 2018a). Entsprechend wurden beide markierten aktuellen Entsprechungslücken korrekt mit „resolution of the shareholder" und „authorise" übersetzt (vgl. Hemetsberger 2020e; Schmidt 2020c).

10.4 Eignung der Translate zur textuellen Vorbereitung auf den Dolmetscheinsatz

Basierend auf den theoretischen Ausführungen zur textuellen Vorbereitung auf den Dolmetscheinsatz in Kapitel 2.1 und entsprechend der methodischen Anpassungen zur textuellen Vorbereitung auf den Dolmetscheinsatz am Translat in Kapitel 9 wurden die einzelnen Vorbereitungsschritte an den von DeepL angefertigten Übersetzungen ausgeführt, um deren Eignung hierfür zu untersuchen. Aufgetretene Probleme und deren Auswirkungen in Bezug auf die Vorbereitung werden in den nachfolgenden Kapiteln für die jeweiligen Texte erörtert.

10.4.1 Juristischer Text

Beginnend mit der kommunikativen Verarbeitung der Überschrift, wozu in diesem Fall die Anschrift und der Betreff zu zählen sind, ist festzustellen, dass sowohl in der Anschrift als auch im Betreff geringfügige Übersetzungsfehler vorkommen. Jedoch ist in diesem expliziten Beispiel anzumerken, dass eine kommunikative Verarbeitung der Überschrift nahezu redundant ist, da sie außer der Adresse und der Dokumentenüberschrift keine weiteren Informationen enthält, die der Dolmetscher kommunikativ verarbeiten könnte, es handelt sich um einen verhältnismäßig übersichtlich einzustufenden Sachverhalt.

Das Unterstreichen der Verben setzt zum einen deren korrekte Übersetzung und zum anderen eine korrekte englische Syntax voraus. Sind diese beiden Umstände nicht erfüllt, bereitet es dem Dolmetscher zusätzlichen Arbeits- und Zeitaufwand, die Satzstrukturen vor der Markierung der Verben zu korrigieren. In der Übersetzung treten in Segment 4 und Segment 27 ein geringfügiger und ein gröberer Grammatikfehler auf und Segment 4 enthält zudem einen umständlichen Ausdruck. Diese Fehler können mit verhältnismäßig wenig Zeitaufwand korrigiert werden, sodass das Unterstreichen der Verben größtenteils gut möglich ist.

Das von Kutz beschriebene Zerlegen der Komposita ist bei der Vorbereitung des Translats nicht notwendig, vielmehr geht es in diesem Kontext darum zu sehen, ob DeepL die Komposita korrekt übersetzt hat und damit dem Dolmetscher den Schritt des Bearbeitens erleichtern kann. In Segment 3, 13, 15 und 21 wurden die Komposita nicht vollkommen korrekt übersetzt. Bei zwei der inkorrekten Übersetzungen handelt es sich um kritische Fehler, dies sind allerdings fachterminologische Substantive, die nach kurzer Recherche ohne großen Zeitaufwand korrigiert werden können. Die anderen beiden Fehler bei der Übersetzung der Komposita sind geringfügig, woraus zu schließen ist, dass, auch wenn keine Fehlerfreiheit in der Übersetzung der Komposita erreicht werden konnte, der Großteil der Übersetzung annehmbar ist.

In Bezug auf die genaue Untersuchung des Inhalts des Textes kann der Dolmetscher in diesem Szenario sowohl auf den deutschen Originaltext als auch auf die englische Übersetzung zurückgreifen. Es wäre jedoch empfehlenswerter, die inhaltliche Recherche an dem Originaltext auszuführen, da in der Übersetzung keine Fehlerfreiheit gegeben ist, auch wenn die Gesamtfehlerzahl gering ist.

Aufgrund des nahezu stichwortartigen Aufbaus des Dokuments und der Textsorte ist die Kennzeichnung der Basissachverhalte an der Übersetzung verhältnismäßig leicht durchzuführen. Insgesamt beinhaltet das Dokument drei schwerwiegende Fehler, die einer Korrektur bedürfen, um das Verständnis nicht zu beeinträchtigen. Da es sich bei den kritischen Fehlern zweimal um die falsche Übersetzung desselben Fachterms handelt und um eine falsche Übersetzung eines Straßennamens, sind diese schwerwiegenden Fehler mit geringem Zeitaufwand zu korrigieren und die Kennzeichnung der Basissachverhalte kann danach erfolgen. Gleichermaßen verhält es sich auch mit dem Redetext-Rhema, da bereits bei Beauftragung des Dolmetschers die Absicht der Firmeneintragung eindeutig ist.

Eine Anfertigung einer Liste mit Worten, die dem Dolmetscher auch nach mehrfachem Studieren nicht eingefallen ist, wie in Kapitel 9 erörtert, überflüssig. Die gesparte Zeit kann der Dolmetscher dafür aufwenden, eine Liste oder eine Mind-Map mit häufig erwähnten Begriffen rund um das Thema anzufertigen, um im Falle einer Abweichung der Redner vorbereitet zu sein.

Zusammenfassend lässt sich festhalten, dass die textuelle Vorbereitung an dem Translat des juristischen Korpustexts zufriedenstellend ausführbar ist. Auch wenn das Translat Korrekturen bedarf, sind diese aufgrund der Fehlerbeschaffenheit mit wenig Zeitaufwand verbunden.

10.4.2 Literarischer Text

Die Überschrift wurde zufriedenstellend und korrekt übersetzt, was es dem Dolmetscher erlaubt, sie kommunikativ zu verarbeiten. Im Gegensatz zu dem juristischen und medizinischen Text lässt diese Überschrift viel Deutungsfreiraum. Die Markierung der Verben gestaltet sich in dieser Übersetzung als schwierig. Grund hierfür ist die teilweise übermäßig wortgetreue und folglich falsche Übersetzung der Verben. In den meisten dieser Fälle handelt es sich zwar um geringfügige Fehler, deren Korrektur aufgrund der Textsorte allerdings zeitintensiv ist und somit die Markierung der Verben erschwert. Die Übersetzung der Komposita hingegen erfolgte bis auf einen geringfügigen Übersetzungsfehler in Segment 6 zufriedenstellend.

Wie auch bei dem juristischen Text empfiehlt es sich, zur genaueren Untersuchung des Inhaltes den Originaltext zu verwenden. Die literarische Übersetzung beinhaltete mit 27 Fehlern eine verhältnismäßig hohe Fehlerzahl, folglich ist von der Verwendung des Materials zur Untersuchung des Inhaltes abzuraten. Der Text ist bedingt durch die abstrakten Gedankenstränge bereits ausgangstextlich anspruchsvoll und die hohe Anzahl an Fehlern, auch wenn sie größtenteils geringfügiger Natur sind, erschwert das Textverständnis zusätzlich.

Die Markierung der Basissachverhalte ist ebenfalls durch die hohe Fehlergesamtzahl erschwert. Übermäßig wortgetreue, nicht idiomatische und umständliche Übersetzungen erschweren das Erkennen der ohnehin abstrakten Basissachverhalte. Ähnlich verhält es sich mit dem Redetext-Rhema, welches erst nach beendeter Korrektur eindeutig notiert werden kann.

Redundanzen kann der Dolmetscher im Translat unterstreichen, um bei Bedarf während der Verdolmetschung auf sie zu verzichten, ohne die Vermittlung der relevanten Informationen zu gefährden. Vorteilhafter wäre es für den Dolmetscher, wenn das Programm die Redundanzen selbstständig begrenzt, beziehungsweise authentisch in die englische Sprache übersetzt. Allerdings war dies nicht immer gegeben, sodass die Markierung der Redundanzen zeitökonomischer an dem Original geschehen wäre.

Abschließend ist festzuhalten, dass sich am literarischen Text die textuelle Vorbereitung des Materials für die Verwendung in der Dolmetschkabine vergleichsweise umständlich ausführen lässt. Eine zeitaufwendige Korrektur muss erfolgen, um sicherzustellen, dass der Text idiomatisch ist und sich nicht zu wörtlich übersetzt anhört. Der Korrekturaufwand ist hoch und die textuelle Vorbereitung nach Kutz wäre leichter am ausgangssprachlichen Material auszuführen.

10.4.3 Medizinischer Text

Der medizinische Text ist eine stichwortartig aufgebaute Präsentation und bringt dadurch als Textsorte eine ganz eigene Herausforderung mit sich. Um die stichwortartigen Notizen verstehen zu können, ist eine intensive Recherche mit einschlägiger Fachliteratur, besonders für nicht spezialisierte Dolmetscher oder Berufseinsteiger, unabdingbar.

Bereits die Übersetzung der Überschrift erfolgte nicht zufriedenstellend, sodass deren kommunikative Verarbeitung erschwert möglich ist. Allerdings ist an dieser Stelle anzumerken, dass mit der Annahme des Dolmetschauftrages eine intensive Recherche in diesem Fachbereich erfolgen muss, sodass sich die kommunikative Verarbeitung der Überschrift so gut wie erübrigen sollte, da durch die Textsorte „Informationsbeitrag" die Redeabsicht eindeutig ist.

Das Unterstreichen der Verben gestaltet sich bis auf ein fehlendes Verb in einem Fall als gut möglich. Die vorhandenen Verben wurden hauptsächlich richtig übersetzt, sodass sie unterstrichen werden können. Der Text beinhaltet viele Komposita, die oft Fachtermini sind. Ihre Übersetzung erfolgte nicht immer korrekt. Wie in den zuvor untersuchten Textsorten ist auch bei der Übersetzung des medizinischen Texts keine Fehlerfreiheit vorhanden, sodass die genaue Untersuchung des Textes auf den Inhalt am Originalmaterial, verbunden mit einer umfassenden Fachrecherche, auszuführen ist. Die Basissachverhalte lassen sich auf den ersten Blick durch die klare, stichwortartige Textstruktur gut markieren, jedoch ist die Grundvoraussetzung hierfür die Richtigkeit der Übersetzung und fundiertes Hintergrundwissen. Die Richtigkeit der Übersetzung ist allerdings nicht vollständig gegeben und die Markierung der Basissachverhalte und des Redetext-Rhemas gestaltet sich daher als schwierig.

Da eine zeitaufwendige Korrektur des Textes vorab erfolgen müsste, empfiehlt sich die Verwendung des Originaltextes. Die Anfertigung einer Liste mit häufig verwendeten Begriffen aus diesem Fachbereich ist empfehlenswert. Abschließend lässt sich festhalten, dass die textuelle Vorbereitung des medizinischen Translats aufgrund der Schwere der Fehler problematisch ist.

10.5 Textbeispielanalyse

Die Textbeispielanalyse dient dem Zweck, die in 10.1 und 10.2 tabellarisch und grafisch dargestellten Fehlermengen der jeweiligen Fehlerkategorien mit tangibleren Textbeispielen zu illustrieren und somit einen oberflächlichen Einblick zu gewähren, wie sich eine bestimmte Fehlerkategorie in der Übersetzung äußern kann. Um dieses Kapitel übersichtlich zu gestalten, werden hauptsächlich Textbeispiele der Kategorien mit der größten Fehlermenge aufgeführt. Dieser Analyseteil basiert ausschließlich auf den Fehlermengen, die Fehlergewichtungen [m], [M] und [c] werden nicht beachtet. Zudem werden mögliche Auswirkungen der Übersetzungsfehler auf die Zuhörerschaft erörtert. Auch in diesem Teil der Arbeit können aus datenschutzrechtlichen Gründen nur Textbeispiele aus dem juristischen Fachtext illustriert werden.

Die vorliegende Textbeispielanalyse ist zu unterscheiden von 10.3. In diesem Unterkapitel liegt der Fokus nicht auf der Analyse der Lösung einer bestimmten dolmetschrelevanten Schwierigkeit, vielmehr soll ein für den Leser verständliches Bild gezeichnet werden, wie sich bestimmte Fehler innerhalb der von DeepL angefertigten Übersetzung auswirken. Aufgrund der qualitativen Analyse in dieser Arbeit sind die Korpustexte in ihrem Umfang begrenzt, sodass für diesen Teil der Analyse nicht immer unterschiedliche Textauszüge gewählt werden konnten, trotzdem wurde darauf geachtet, möglichst wenige Textbeispiele, die bereits unter 10.3 verwendet wurden, zu wiederholen.

Jedes Textbeispiel ist mit einer Nummerierung versehen und entspricht einem ausgangssprachlichen Satz und der dazugehörigen maschinellen Übersetzung. Der Ausgangstext ist mit dem Buchstaben „a“ gekennzeichnet, der Zieltext mit dem Buchstaben „b“. Der Zieltext enthält Korrekturen, die rot und grün gefärbt sind. Die Stellen, denen in der Analyse Aufmerksamkeit gewidmet werden, sind unterstrichen. Alle Textbeispiele sind durch die Segmentnummer im Anhang II wiederzufinden.

Wie aus den Untersuchungen des juristischen Fachtextes mithilfe des MQM-Schemas hervorgeht, war die Kategorie mit der größten Fehlermenge „Genauigkeit“, siehe Kapitel 10.1. Diese Kategorie machte insgesamt 41,67% der Gesamtfehlermenge in der Übersetzung aus, mit den Subkategorien „mehrdeutige Übersetzung“, „Eigennamen“ und „übermäßig wortgetreu“, siehe Kapitel 10.2, Abbildung 13. Da die meisten Übersetzungsfehler dieser Kategorie angehören, dient sie als Grundlage zur Auswahl der in diesem Kapitel dargestellten Textbeispiele.

(1) a. An das Amtsgericht Leipzig
-Registergericht-
b. To the ~~Local court~~ Amtsgericht Leipzig
-Registry Court- (Segment 1)

Das Textbeispiel (1) zeigt die Fehlübersetzung eines Eigennamens. Die Rechtssysteme beider Länder sind unterschiedlich, weshalb die exakte Übersetzung des Terms schwierig und die Belassung des Namens bei „Amtsgericht“ empfehlenswert ist. Bei der Übersetzung von „Registergericht“ sind sowohl die Belassung des deutschen Terms als auch die Übersetzung mit „Registry Court" denkbar (Dietl und Lorenz 2016: 723). In diesem konkreten Dolmetschszenario ist davon auszugehen, dass die Auswirkungen auf die Hörerschaft überschaubar sind. Es muss bedacht werden, dass die Geschäftsinhaber sich bewusst darüber waren, zu welchem Zweck sie ihre Reise nach Deutschland antraten, zur Eintragung in das Handelsregister, und auch wo genau dies stattfinden wird. Es ist möglich, dass die Adresszeile aus diesem Grund nicht verlesen wird.

(2) *a. Das Haftungskapital beträgt 1 GBP.*
b. The ~~guarantee capital~~ equity is 1 GBP (Segment 13)

(3) *a. Das Haftungskapital der Gesellschaft wurde vollständig in bar geleistet; Sacheinlagen wurden nicht vereinbart und geleistet.*
b. The ~~liability capital~~ equity of the company was paid in full in cash; contributions in kind were not agreed ~~and~~ or paid. (Segment 15)

Die Textbeispiele (2) und (3) wurden aufeinanderfolgend dargestellt, um zu verdeutlichen, dass der Fachterm „Haftungskapital" an unterschiedlichen Stellen in der Übersetzung inkonsistent übersetzt wurde. Aus dolmetschtechnischer Sicht ist die Konsistenz der verwendeten Termini wichtig, um zunächst das Verständnis eindeutig zu gewährleisten, des Weiteren aber auch, um das Vertrauen des Zuhörers für sich als Dolmetscher zu gewinnen (vgl. Kutz 2010: 316). Die selbstsichere, konsistente und regelmäßige Verwendung von Fachterminologie signalisiert der Zuhörerschaft die professionelle Kompetenz des Dolmetschers und baut Vertrauen auf. Das Publikum wägt sich in der Sicherheit, wichtige Informationen korrekt übermittelt zu bekommen. Bei einer fehlerhaften Verwendung der Fachterminologie direkt zu Beginn der Veranstaltung, wie in diesem Beispiel, kann der Dolmetscher davon ausgehen, dass ihm das Publikum kritischer zuhört und die Dolmetschleistung leichter in Frage stellt. Dies kann dazu führen, dass sich die Zuhörer ausschließlich mit der Qualität der Verdolmetschung und nicht mit den Aussagen des Sprechers beschäftigen.

Eine weitere, relevante Fehlübersetzung wird in Textbeispiel (3) ersichtlich. Das ausgangssprachliche „und" wurde wörtlich mit „and" übersetzt, während an dieser Stelle für die eindeutigere Übersetzung ein „or" angebracht wäre. Diese mehrdeutige Übersetzung könnte in diesem juristischen Rahmen für Verwirrung auf der Zuhörerseite sorgen und einer Klärung durch Rückfrage bedürfen. Auch hier steht die Kompetenz des Dolmetschers auf dem Prüfstand, da es sich in diesem Beispiel nicht um Fachterminologie handelt, sondern um die sprachliche Kompetenz.

(4) a. *Geschäftsanschrift: ■-Witwer-Str. ■, ■.*
b. *~~Business~~ Registered address: ■ ~~Widower~~ -Witwer-Strasse ■, ■*
■ (Segment 21)

Textbeispiel (4) zeigt die zu wörtliche Übersetzung des Begriffs „Geschäftsanschrift", die als Sekundäreffekt Auswirkungen auf die rechtlichen Anforderungen hat. In diesem Beispiel sollte das Publikum allerdings über das nötige Kontextverständnis verfügen, um zu verstehen, um welche Adresse es sich handelt. Die Erschließung der Zugehörigkeit der Adresse basiert jedoch auf der richtigen Übersetzung der Adresse, welche in diesem Fall nicht erfolgte. Die deutsche Adresse der Zweigstelle wurde fehlerhafter Weise als „■-*Widower-Strasse*" übersetzt. Es ist davon auszugehen, dass das Publikum sehr wohl die Adresse der Zweigstelle in Deutschland kennt und auch mit dem deutschen Namen „■-Witwer-Straße" vertraut ist. Allerdings ist nicht davon auszugehen, dass sie die englische Bedeutung für „Witwer" kennen und sich aufgrund dieses fehlenden Wissens, sich den Übersetzungsfehler nicht selbst erschließen können. Verwirrung kann auftreten, da das Publikum diesen neu erfundenen Eigennamen zum ersten Mal hört und nicht einordnen kann. Abgesehen von der Verwirrung des Publikums wäre dies ein Fehler für den Dolmetscher, den es dringlich zu vermeiden gilt.

11 DeepL als Werkzeug in der Dolmetschvorbereitung

Im Rahmen dieser Arbeit wurden Untersuchungen sowohl auf der Makro- als auch auf der Mikroebene angestellt. Durch die Anwendung des MQM-Schemas konnten auf Makroebene Werte zu der Verteilung der Fehlermengen generiert werden und durch die Analyse der Lösungen für dolmetschspezifische Schwierigkeiten, die Untersuchung der Eignung der Translate zur textuellen Dolmetschvorbereitung und eine Textbeispielanalyse konnten Details über die Beschaffung der Fehler auf Mikroebene veranschaulicht werden. Diese Untersuchungen wurden für alle Texte unter gleichen Bedingungen ausgeführt. Beispielhaft dargestellt konnten aus datenschutzrechtlichen Gründen jedoch nur die Textausschnitte aus dem juristischen Text.

Die Untersuchungen sowohl auf Makro- als auch auf Mikroebene zeigen, dass das NMÜS DeepL im Vergleich bei der Übersetzung des juristischen Fachtextes das beste Ergebnis erzielen konnte, während die Qualität der literarischen und medizinischen Übersetzung befriedigend bis ausreichend war. Daraus lässt sich ableiten, dass sich DeepL zur Verwendung für die Vorbereitung auf einen Einsatz im juristischen Kontext eignet.

In Bezug auf die **Gesamtqualität** der Translate, festgestellt durch den **OQS-Wert**, erhielt die literarische Übersetzung den besten Gesamtwert, gefolgt von der juristischen Übersetzung. Den schlechtesten Wert erhielt die medizinische Übersetzung. Diese Werte sollten allerdings unter Berücksichtigung des Nachbearbeitungsaufwands im Dolmetschkontext noch einmal genauer betrachtet werden. In den vergebenen Fehlerstärken [m], [M] und [c] zeigten sich signifikante Unterschiede, was folglich den Gesamtwert beeinflusste. Der literarische Text erhielt zwar den besten OQS-Wert, beinhaltete allerdings die höchste Fehlermenge. In dem medizinischen Text hingegen gab es weniger, dafür aber schwerere Übersetzungsfehler. Die juristische Übersetzung liegt in der Verteilung zwischen kritischen Übersetzungsfehlern und der Gesamtfehlermenge zwischen den beiden anderen Texten.

Für die Verwendung der Übersetzungen im Dolmetschkontext bedeuten die Ergebnisse, dass bei der Verwendung der literarischen Übersetzung ein hoher Nachbearbeitungsaufwand benötigt wird, bevor das Translat entsprechend verwendet werden kann. Der Korrekturaufwand kann so zeitintensiv sein, dass die direkte Bearbeitung des Originaldiskurses zeitsparender und leichter auszuführen wäre.

Der medizinische Text beinhaltete die höchste Zahl an kritischen Fehlern. Jedoch sollte bei Betrachtung dieses Ergebnisses die untersuchte Textsorte berücksichtigt werden. Bei dem Korpustext aus dem Fachbereich Medizin handelte es sich um eine stichwortartig aufgebaute Präsentation, die eine höhere Informationsdichte als beispielsweise der literarische Text hatte. Somit war die Wahrscheinlichkeit, dass das Programm wichtige Informationen falsch übersetzt höher und die erhöhte Anzahl an kritischen Fehlern dadurch erklärbar. Von der Verwendung des medizinischen Translats im Rahmen der Dolmetschvorbereitung ist allerdings basierend auf den Ergebnissen dieser Arbeit abzusehen. Die Menge an gröberen und kritischen Fehlern weist darauf hin, dass das Programm Fachtermini und Abkürzungen nicht immer zuverlässig übersetzt. Da bei Dolmetschaufträgen in Fachbereichen wie Medizin mit einer hohen Informationsdichte und ausgeprägten Fachwissen des Redners zweifellos eine intensive und umfangreiche Vorbereitungsarbeit seitens des Dolmetschers geleistet werden muss, stellt sich die Frage, ob auch hier nicht die direkte Bearbeitung des Originals mehr Sinn ergibt und zeitsparender ist als die Verwendung einer maschinellen Übersetzung, die eine zeitaufwendige Korrektur erfordert.

Die juristische Übersetzung befand sich, was den OQS-Wert betrifft, zwar zwischen der literarischen und medizinischen Übersetzung, die Anzahl an gröberen und kritischen Fehlern war allerdings verhältnismäßig gering. Bei den aufgetretenen kritischen Fehlern handelt es sich um zwei Terminologiefehler und einen Genauigkeitsfehler, die aufgrund ihrer geringen Anzahl und ihrer Beschaffung ohne großen Zeitaufwand korrigiert werden konnten, sodass die Verwendung, unter Berücksichtigung der Tatsache, dass keine Fehlerfreiheit erreicht wurde, in Betracht gezogen werden kann.

Der literarische Ausgangstext enthielt eine verhältnismäßig geringe Anzahl an **dolmetschspezifischen Schwierigkeiten**. Lediglich einige aktuelle Entsprechungslücken, die in der Regel den Ausdruck betrafen, wurden in dem Ausgangstext markiert. Die Lösung der aktuellen Entsprechungslücken durch DeepL erfolgte zufriedenstellend. Die Aussage wurde in der Regel vermittelt, wenn auch bei einem Großteil der Lösungen idiomatischere Wendungen hätten gefunden werden können. Die Übersetzungen waren häufig wörtlich und ähnelten der deutschen Syntax, was dazu führte, dass die Lösungen der anspruchsvollen Stellen im Text teilweise stark an der Wortebene des Ausgangstextes orientiert waren. Eine Verwendung des Translats in der Vorbereitung in Bezug auf komplexe Textstellen wäre denkbar. Hierbei sollte allerdings berücksichtigt werden, dass die Lösung möglicherweise, ausgedrückt in Dolmetschterminologie, semantisch geleitet ist. Allerdings ist insbesondere bei dieser Textsorte eine Entfernung vom Originaldiskurs und eine Verdolmetschung auf konzeptueller Ebene zur Lösung der komplexen Stellen zielführend.

Bei dem medizinischen Ausgangstext wurden aufgrund der hohen Dichte an Fachtermini und Abkürzungen neben aktuellen Entsprechungslücken eine Vielzahl an semantischen Erschließungsfällen markiert. Die Lösung dieser Stellen durch DeepL erfolgte weniger zufriedenstellend. Nur etwa die Hälfte der anspruchsvollen Stellen im Text wurden brauchbar gelöst. Zudem trat neben der falschen Übersetzung von Fachtermini oder Abkürzungen eine dem Original ähnelnde Syntax auf, was die Verwendung des Translats zur Lösung komplexer Stellen nicht empfehlenswert macht.

In dem juristischen Ausgangstext wurden ausschließlich aktuelle Entsprechungslücken markiert. Ihre Lösung erfolgte fast ausschließlich zufriedenstellend. Einige Stellen wurden nah an der Wortebene übersetzt, sodass idiomatischere Übersetzungen hätten gefunden werden können. Allerdings beeinflussten die wortgetreu übersetzten Stellen das Textverständnis nicht maßgeblich, was vermuten lässt, dass eine Verwendung in der Dolmetschvorbereitung in Betracht gezogen werden kann.

Die **textuelle Vorbereitung** an dem literarischen Text auszuführen gestaltete sich durch das hohe Fehleraufkommen als schwierig. Durch die stellenweise sehr wortgetreue Übersetzung des Textes konnten die einzelnen Schritte der textuellen Vorbereitung nur erschwert durchgeführt werden, da essenzielle Satzkomponenten wie Verben nicht immer passend oder korrekt übersetzt wurden. Aufgrund sehr wörtlicher Übersetzungen waren das Textverständnis und das Verständnis der Basissachverhalte der einzelnen Absätze erschwert, was zu dem Schluss führt, dass sich das literarische Translat nicht gut zur textuellen Vorbereitung eignet.

Auch die textuelle Vorbereitung an der medizinischen Übersetzung gestaltete sich als schwierig. Im Gegensatz zu der literarischen Übersetzung wurden hier die Verben im Regelfall richtig beziehungsweise zufriedenstellend übersetzt, womit ein wichtiger Umstand für die Ausführung der textuellen Vorbereitung gegeben war. Dafür erfolgte die Übersetzung der Komposita, Fachtermini und Abkürzungen weniger erfolgreich, was die Vorbereitungsarbeit erneut erschwerte und die Verwendung des medizinischen Translats zur Vorbereitungsarbeit nicht empfehlenswert macht. Der juristische Text enthielt ebenfalls einige Fehler, die die textuelle Vorbereitung erschwerten. Im Gegensatz zu den anderen Texten waren diese jedoch in ihrer Anzahl geringer und auch in der Fehlerstärke weniger extrem, sodass die textuelle Vorbereitung nach einer Korrektur möglich ist.

Die Eignung der angefertigten Translate zur Ausführung der textuellen Vorbereitung hängt davon ab, wie man textuelle Vorbereitung definiert. Geht man von der textuellen Vorbereitung wie beschrieben von Kutz (2010) aus, ist diese in allen Texten aufgrund der nicht vorhandenen Fehlerfreiheit erschwert auszuführen. Erweitert man die „klassische" textuelle Vorbereitung um den Schritt der Nachbereitung, also der Fehlerkorrektur, können die Texte brauchbar gemacht werden. Die entscheidende Frage ist, wie viel Zeit die Korrektur der einzelnen Texte beansprucht, um am Ende eine Zeitersparnis und somit einen ökonomischen Vorteil für den Dolmetscher zu generieren. In diesem Szenario wäre der juristische Text am empfehlenswertesten, da die Korrektur mit geringem Zeitaufwand ausgeführt werden konnte. Trotzdem ist unbedingt zu betonen, dass sich, bedingt durch die nicht vorhandene Fehlerfreiheit, nicht allein auf das angefertigte Translat gestützt werden kann. Ein professioneller Dolmetscher sollte stets den Originaldiskurs mit in die Vorbereitung einbeziehen, um die korrekte und fehlerfreie Vorbereitung des Materials sicherzustellen.

Grundsätzlich fiel bei der Bewertung der drei Übersetzungen auf, dass das Programm bei allen Texten Probleme mit Fachterminologie und Konsistenz hatte.

Auffallend war, dass teilweise derselbe Begriff in demselben Absatz unterschiedlich übersetzt wurde. Das Programm schien zusätzlich Schwierigkeiten damit zu haben, den fachtextlichen Kontext zu erkennen und die Terminologie daran auszurichten. Zusätzlich wurde festgestellt, dass bei allen Texten eine Syntax verwendet wurde, welche dem Original ähnelte.

Als Kritikpunkt soll an dieser Stelle der Einfluss der Translate auf die Dolmetschstrategie betrachtet werden. Kutz zufolge bestimmt die Dolmetschstrategie „[…] die Grundrichtung der dolmetscherischen Handlungen bei der Verdolmetschung eines Diskurses" (Kutz 2010: 455). Er bezieht sich darauf, dass in der Berufspraxis in unterschiedlichen Situationen gedolmetscht wird und dies entsprechend unterschiedlicher Strategien bedarf (vgl. Kutz 2010: 445).

Grundlegend wird in der professionellen beziehungsweise halbprofessionellen Sprachmittlung in zwei Strategien unterteilt. Zum einen in semantisch geleitete Dolmetschstrategien, in denen der Dolmetscher quellsprachlich orientiert vorgeht und bemüht ist, so nah wie möglich am Wortlaut des Originaldiskurses zu bleiben und somit möglichst alle Komponenten zu erhalten (vgl. Kutz 2010: 469–470). Vorteilhaft ist bei dieser Strategie die Vollständigkeit der wiedergegebenen Informationen, jedoch kann eine semantisch geleitete Strategie dazu verleiten, zu nah am Ausgangstext zu dolmetschen und dadurch sprachliche Interferenzen und unidiomatische Ausdrücke zu produzieren (vgl. Chabasse 2009: 59–60).

Zum anderen wird in die konzeptgeleiteten Dolmetschstrategien unterteilt, bei deren Anwendung der Dolmetscher sich hauptsächlich vom Inhalt und dem Interaktionsrahmen des Diskurses leiten lässt und gegebenenfalls bewusst Änderungen vornimmt, um die Nachricht für seine beispielsweise in einer anderen Kultur zivilisierten Zuhörerschaft verständlich zu machen. Vorteilhaft ist bei dieser Strategie zwar, dass der Dolmetscher gelöst vom Ausgangstext frei formulieren kann, jedoch kann er hier Gefahr laufen, die Gedanken des Redners zu persönlich zu interpretieren und sie ausgehend von einer falschen Rednerintention zu verändern (vgl. Chabasse 2009: 59–60). Neben diesen beiden Strategien erwähnt Kutz noch die interaktionsgeleiteten Dolmetschstrategien, in denen der Dolmetscher die Originalmitteilung bewusst verändert wiedergibt, um ihren kommunikativen Dolmetschauftrag sicher erfüllen zu können. Das bedeutet, es könnte beispielsweise lexikalisch und prosodisch entschärft werden, um die Intentionen des Redners besser zu vermitteln. Grundvoraussetzung hierfür ist, dass das Sprecheranliegen dem Dolmetscher zweifelsfrei bekannt ist und wiedergegeben werden kann (vgl. Kutz 2010: 488). Neben dem kommunikativen Vorgriff, der Bekanntheit der Thematik und der Qualität des Diskurses beeinflusst der Dolmetschsituationstyp die Wahl der Dolmetschstrategie (vgl. Kutz 2010: 500–507).

Das Simultandolmetschen stellt in Bezug auf die Dolmetschstrategie einen Sonderfall dar. Während des Simultandolmetschens ist die Antizipation, Umsetzung von Redeinhalten und der Prozess der Reproduktion durch mentale Aktivitäten überlagert und eingeschränkt, somit muss der Dolmetscher oft umfokussieren und seine Aufmerksamkeit teilen. Das führt dazu, dass viele Dolmetscher in der Praxis, besonders bei hohem Sprechtempo, dazu neigen, eine konzeptgeleitete Strategie zu wählen (vgl. Kutz 2010: 503–504). Diese Tendenz ändert sich, sobald der Dolmetscher mit einer Textvorlage arbeitet, da die Verwendung einer Textvorlage häufig dazu verleitet, eine semantisch geleitete Dolmetschstrategie zu verwenden (vgl. Kutz 2010: 504).

Die im Rahmen dieser Arbeit übersetzten Texte wurden allesamt an zahlreichen Stellen sehr wortgetreu übersetzt und die Ausgangstextsyntax übernommen, insbesondere in der Übersetzung des literarischen und des medizinischen Texts. Dieser Faktor kann in der Praxis noch einmal mehr dazu beitragen, dass eine semantisch geleitete Strategie gewählt wird.

Bei dem literarischen Diskurs wäre hingegen eine konzeptgeleitete Strategie angebrachter, um die abstrakten Ideen und die kognitive Gliederung des Redners deutlicher zu kommunizieren. Denkbar wäre stellenweise sogar eine interaktionsgeleitete Strategie, um Bezüge innerhalb des Textes deutlicher darzustellen. Bei dem medizinischen Diskurs ist aufgrund der hohen Informationsdichte und der Textsorte eine semantisch geleitete Strategie passend. Eine interaktionsgeleitete Strategie sollte aufgrund des Fachwissens des Publikums überflüssig sein. Der Fokus sollte bei dieser Textsorte auf der Richtigkeit und Vollständigkeit der Informationen liegen. Bei dem juristischen Diskurs ist eine Mischform aus semantisch und interaktionsgeleiteter Strategie empfehlenswert. Die semantisch geleitete Strategie stellt die Vollständigkeit der rechtlichen Informationen sicher, während die interaktionsgeleitete Strategie verständnisfördernde Anmerkungen ermöglicht.

Diese Einschätzungen zeigen, dass eine semantisch geleitete Strategie, wie sie möglicherweise durch die Verwendung der Translate in der Dolmetschsituation unbewusst gewählt werden würde, nicht immer passend ist. Daher sollte sich der Dolmetscher vor der Verwendung einer ausformulierten Übersetzung Gedanken über die passende Strategie machen und dies bei der Verwendung des Translats berücksichtigen.

Neben den Auswirkungen auf die Wahl einer möglicherweise ungeeigneten Dolmetschstrategie besteht die Gefahr, dass der Dolmetscher sich in mehreren Aspekten zu sehr auf das Translat verlässt. Zum einen kann die vorliegende Übersetzung während der Dolmetschsituation dazu verleiten, das Geschehen nicht aufmerksam zu verfolgen, und so dazu führen, dass Abweichungen des Redners vom Manuskript nicht richtig eingeordnet und gedolmetscht werden. Zum anderen ist es auch möglich, dass sich der Dolmetscher bereits in der Vorbereitung zu sehr auf das maschinell erstellte Translat stützt und somit die Vorbereitungsarbeit nicht mehr umfangreich, sondern nur oberflächlich und im schlimmsten Fall leichtfertig ausführt. Die Vorbereitungsarbeit stellt einen essenziellen Lernprozess für den Dolmetscher dar. Sie hilft ihm dabei, sich Fachtermini und komplexe Zusammenhänge einzuprägen, die wiederum die Verstehensleistung verbessern. Die während der Vorbereitungsarbeit angeeigneten Schlüsselbegriffe sind in der Dolmetschsituation automatisierter abzurufen, was zum einen das Vertrauen der Zuhörerschaft in ihren Sprachmittler sichert und zum anderen eine Hilfe bei der Erschließung unbekannter Begriffe darstellt (vgl. Kutz 2010: 316).

Abgesehen von einer umfangreichen thematischen Recherche sollte trotz Verwendung eines NMÜS abhängig von der Dolmetschsituation ein kommunikativer Vorgriff charakterisiert werden. Der kommunikative Vorgriff ermöglicht dem Dolmetscher, besser einzuordnen, welche situationsbedingten Herausforderungen in der Dolmetschsituation auf ihn zukommen (vgl. Kutz 2010: 340).

Neben der möglichen Zeitersparnis für die Übersetzung bestimmter Fachtexte in der Vorbereitungsarbeit ist die Verwendung von DeepL besonders interessant für die Verwendung kurz vor oder während der Dolmetschsituation. Vorbereitungsmaterial wird dem Dolmetscher nicht immer Wochen oder Tage vor dem Ereignis zur Verfügung gestellt, oftmals wird Material wie beispielsweise ausformulierte Redemanuskripte kurz vor Beginn der Verdolmetschung oder noch währenddessen zur Verfügung gestellt (vgl. Kutz 2010: 321–322). Interessant für die Praxis wäre in diesem Szenario, einen derart kurzfristig eingereichten Text mit DeepL zu übersetzen und als Gerüst während der Verdolmetschung zu nutzen. Hier ist der Zeitaufwand für die Nachbearbeitung besonders entscheidend, da in dem hektischen Veranstaltungsumfeld keine Zeit für aufwendige Korrekturen ist. Unter Berücksichtigung dieses Zeitaspektes wäre davon auszugehen, dass sich keiner der in dieser Arbeit untersuchten Texte für diese sehr kurzfristige Übersetzung eignet, da sie einer Korrektur bedürfen, deren Zeitaufwand stark variiert und somit schwer einschätzbar ist. Die Gefahr, dass das Translat zu viele Fehler beinhaltet und folglich keine kurzfristig verfügbare Hilfe darstellt, sondern wichtige mentale Kapazitäten des Dolmetschers verbraucht, ist zu groß und die Bearbeitung nach dem in dieser Arbeit vorgestellten Schemata direkt am Originaldiskurs ist für den Dolmetscher leichter auszuführen. Hinzu kommt, dass extrem kurzfristig zur Verfügung gestelltes Material möglicherweise nicht in digitaler Form, sondern in Papierform eingereicht wird. Das gedruckte Material müsste wiederum in das Formularfeld von DeepL eingetippt werden, was erneut wertvolle Zeit kostet, die ein geschulter Dolmetscher in effizienterer Weise direkt am Original aufwenden könnte. Somit kommt die Verwendung von DeepL in diesem sehr kurzfristigen Szenario nicht in Frage. Vor der Verwendung eines NMÜS sollte sich der Dolmetscher unter Berücksichtigung der Tatsache, dass keine Fehlerfreiheit in den Übersetzungen garantiert ist, die Frage stellen, ob die Marge, die sich aus der Verwendung des Programms ergibt, den Aufwand rechtfertigt oder ob sie durch den hohen Korrekturaufwand so klein wird, dass eine Verwendung des Programms wenig Sinn ergibt.

In der vorliegenden Arbeit wurde eine qualitative Betrachtung von drei maschinell erstellten Übersetzungen für deren Verwendung im Dolmetschkontext vorgenommen, die in weiteren Forschungsbemühungen durch eine quantitative Betrachtung weitergeführt werden könnte. Eine Untersuchung des übersetzten Materials in einem tatsächlichen Dolmetschszenario mit anschließender Bewertung durch die Dolmetscher selbst wäre denkbar.

Ein weiterer Aspekt, der bei der Überlegung zu weiterführenden Forschungen nicht unerwähnt bleiben soll, ist die Möglichkeit, die Ausgangstexte vor ihrer Übersetzung mit einem NMÜS bei einem sogenannten Pre-Editing zu bearbeiten und die sprachlichen Sachverhalte in sehr expliziter Form darzustellen, sodass diese vom Programm besser verarbeitet und leichter übersetzt werden können und ein besseres Übersetzungsergebnis erreicht werden kann (vgl. Wilss 1985: 10). Auch dieser Aspekt kann Anlass geben für weitergehende Forschungen, in denen beleuchtet wird, welchen Umfang an Pre-Editing das ausgangssprachliche Vorbereitungsmaterial bedarf, bevor es effizient maschinell übersetzt werden kann, um anschließend in der Dolmetschkabine verwendet zu werden.

12 Fazit

Die im Rahmen der vorliegenden Arbeit angestellten Untersuchungen wurden durchgeführt, um die Übersetzungsqualität des neuronalen maschinellen Übersetzungsprogramms DeepL in den Fachbereichen Recht, Literatur und Medizin zu untersuchen. Die Ergebnisse geben einen Hinweis darauf, in welchem Fachbereich das Programm eine so gute Übersetzungsqualität liefern kann, dass die Verwendung von DeepL in der Einsatzvorbereitung des Dolmetschers eine Hilfe und Zeitersparnis darstellen kann. Zu diesem Zweck wurde die Qualität der angefertigten Translate aus drei dolmetschrelevanten Perspektiven betrachtet. Die Ermittlung des OQS-Wertes durch die Verwendung des MQM-Schemas, der Aufschluss über Gesamtqualität der Übersetzung gibt, der Umgang des Programms mit vorab markierten dolmetschrelevanten Schwierigkeiten und die Eignung der Translate zur Ausführung der textuellen Vorbereitung nach Kutz.

Aus der Datenerhebung geht hervor, dass DeepL bei keinem der untersuchten Texte eine absolute Fehlerfreiheit erreichen konnte und somit keiner der Texte ohne weitere Bearbeitung oder Korrektur oder gar als völliger Ersatz für eine ausformulierte Humanübersetzung verwendet werden kann. Dieser Umstand führt dazu, dass die Verwendung der maschinell erstellten Übersetzungen bei extrem kurzfristig eingereichtem Vorbereitungsmaterial wahrscheinlich nicht ratsam ist.

Trotz dieser nicht erreichten Fehlerfreiheit schnitt das Programm bei der Übersetzung des juristischen Texts im Vergleich zu dem literarischen und medizinischen Text am besten ab. Die Fehler, die das Dokument enthielt, waren in ihrer Gesamtzahl gering und zudem nicht komplex, sodass sie mit einem geringen Zeitaufwand korrigiert werden konnten. Diese Feststellungen deuten darauf hin, dass eine Verwendung des Programmes DeepL bei der Vorbereitung von Rechtstexten unter Beachtung der Tatsache, dass sie nicht fehlerfrei übersetzt werden, möglich ist und eine Zeitersparnis in der Vorbereitungsarbeit darstellen kann.

Die Ergebnisse der Untersuchung der literarischen Übersetzung deuten darauf hin, dass die Verwendung von DeepL zur Übersetzung dieser Textsorte nicht empfehlenswert ist und die Vorbereitungsarbeit vornehmlich an den Originaltexten vorgenommen werden sollte. Zudem steht die durch das Translat beeinflusste Wahl einer semantisch geleiteten Strategie im Gegensatz zu der empfehlenswerten konzeptgeleiteten Strategie. Bei der Verdolmetschung dieser Diskurssorte spielt der Stil des Dolmetschers eine tragende Rolle. Es ist fraglich, ob der selbstgewählte und erarbeitete Stil eines Dolmetschers authentisch durch ein neuronales maschinelles Übersetzungstool wiedergegeben werden kann.

Die Übersetzung des medizinischen Texts beinhaltete die höchste Zahl an kritischen Fehlern, die häufig Fachtermini und Abkürzungen betraf. Bei der Verdolmetschung eines Fachdiskurses dieser Art ist besonders die korrekte Verwendung und Verdolmetschung der Fachterminologie entscheidend, um einerseits die Fachinformationen korrekt zu dolmetschen und um andererseits das Vertrauen der Zuhörerschaft zu sichern. Aufgrund der Schwere der Fehler ist die Verwendung und Bearbeitung des Originalmaterials ratsam.

Der mitunter sehr flüssige Stil der NMÜS verleitet dazu, die erbrachte Qualität als trügerisch hoch einzuschätzen. Ein zusätzliches Problem bei der Verwendung ist, dass die NMÜS noch schwer für spezielle Kunden- oder Fachterminologie festgelegt werden können, auch wenn davon ausgegangen wird, dass diese Kinderkrankheiten ausgebessert werden können. Die NMÜS sind aufgrund ihres Aufbaus wenig transparent, was die Ergebnisse schwer vorhersehbar und Fehler kaum nachvollziehbar macht. Die Unvorhersehbarkeit der Ergebnisse erschwert den spontanen Einsatz zur Dolmetschvorbereitung (vgl. Krüger 2017: 43–44).

Abschließend ist anzumerken, dass die Optimierung der Vorbereitungsprozesse des Dolmetschers ökonomisch sinnvoll ist, es jedoch genauso wichtig ist, sich über den eigenen Wert der Arbeit genau und insbesondere langfristig bewusst zu sein. Die vielversprechenden Technologien sollten unter keinen Umständen dazu verleiten, den Zeit- und Arbeitsaufwand zu unterschätzen und infolgedessen den Markt mit zu niedrigen Preisen zu überfluten, um an Aufträge zu gelangen. Die Vorbereitung ist trotz Verwendung technischer Hilfsmittel zeitaufwendig und sollte in der Berechnung des Tagessatzes vollständig berücksichtigt werden.

Im Bereich der neuronalen maschinellen Übersetzung ist, besonders durch die Weiterentwicklung moderner Computer mit immensen Rechenkapazitäten, eine rasante Entwicklung und Verbesserung zu verbuchen, die sich mit großer Wahrscheinlichkeit in der Zukunft fortsetzen wird und möglicherweise auch auf den Bereich des Dolmetschens einen Einfluss ausüben wird (vgl. Krüger 2017: 43). Insbesondere die neuronale maschinelle Übersetzung in Verbindung mit künstlicher Intelligenz ist ein Feld, welches den Menschen die globale Kommunikation ermöglichen und erleichtern kann, was nur einer der Gründe für das starke öffentliche Interesse an diesem Forschungsbereich darstellt. Für Dolmetscher ist es empfehlenswert, diesen Entwicklungen nicht mit Angst um das Bestehen des eigenen Berufsstandes entgegenzublicken. Dolmetscher sollten die technologischen Möglichkeiten vielmehr als einen „Juniorpartner" wahrnehmen und hinterfragen, wie sie sich die Errungenschaften optimal zu Nutze machen können und die soziotechnische Transformationsphase auf diese Weise aktiv mitgestalten können, anstatt von ihr überrollt zu werden (vgl. Fantinuoli 2018: 8; Krüger 2017: 44).

Derzeit, Stand 2020, kann ein neuronales maschinelles Übersetzungsprogramm in gezielten Fachbereichen unter Berücksichtigung der erörterten Umstände unterstützend hinzukommen und eine Zeitersparnis für den Dolmetscher während seiner Vorbereitungsarbeit darstellen. Die vielversprechenden Entwicklungen und Möglichkeiten in diesem Forschungsbereich machen die weitere Betrachtung sowohl wichtig als auch zukunftsrelevant.

13 Literaturverzeichnis

Gedruckte Literatur

Atassi, Ziad / Reich, Andreas / Rudge, Alexandra / Kreienberg, Rolf / Flock, Felix (2008): Haemorrhage and nerve damage as complications of TVT-O procedure: case report and literature review, in: *Archives of Gynecology and Obstetrics*, Nr. 277, S. 161–164.

Bahdanau, Dzmitry / Cho, Kyunghyun / Bengio, Yoshua (2015): Neural Machine Translation by Jointly Learning to Align and Translate, in: *ICLR*, S. 1–15.

Braun, Brigitte (2014): Daten als „Öl des 21. Jahrhunderts". Rückblick auf den Controller Congress 2014 des ICVs in München, in: *Controlling & Management Review*, Wiesbaden, Nr. 4, S. 88–89.

Brown, Lesley (Hg.) (1993): *The new shorter Oxford English dictionary*, 3. Aufl. Oxford: Oxford University Press.

Bruckner, Christine (2017): Maschinelle Übersetzungs-Plug-ins in CAT-Tools. Sicher (nicht) nutzen? In: *Fachzeitschrift MDÜ Informationssicherheit*, BDÜ Fachverlag, Nr. 4, S. 10–15.

Bunjes, Werner E. (1981): *Wörterbuch der Medizin und Pharmazeutik. Deutsch-englisch,* 3. Aufl., Stuttgart: Georg Thieme Verlag.

Chabasse, Catherine (2009): *Gibt es eine Begabung für das Simultandolmetschen? Erstellung eines Dolmetscheignungstests mit Schwerpunkt Simultandolmetschen,* Mainz, Berlin: SAXA Verlag.

Clyne, Michael (1991): The sociocultural dimension: The dilemma of the German-speaking scholar. Subject-oriented texts, in: *Subject-oriented Texts*, Berlin / Boston: De Gruyter, Nr. 16, S. 49–67.

Deuter, Margaret (Hg.) (2009): *Das große Oxford Wörterbuch. Englisch–Deutsch, Deutsch–Englisch,* 2. Aufl., Oxford, Berlin: Oxford University Press, Cornelsen.

Dietl, Clara-Erika / Lorenz, Egon (2016): *Wörterbuch Recht, Wirtschaft & Politik*, 7. Aufl., München / Basel: Helbing Lichtenhahn.

Fantinuoli, Claudio (2018): Interpreting and technology, in: *Translation and Multilingual Natural Language Processing*, Berlin: Language Science Press, Nr. 11, S. 1–12.

Gile, Daniel (2009): *Basic concepts and models for interpreter and translator training*, Amsterdam / Philadelphia: John Benjamins Publishing Company.

Härtel, Johannes (2016): Vollautomatisches Dolmetschen. Möglichkeiten und Grenzen, in: *Lebende Sprachen*, Berlin / Boston: De Gruyter, Nr. 61, S. 67–116.

Hutchins, William John / Somers, Harold L. (1997): *An introduction to machine translation*, 2. Aufl., London: Academic Press.

Kalina, Sylvia (1998): *Strategische Prozesse beim Dolmetschen. Theoretische Grundlagen, empirische Fallstudien, didaktische Konsequenzen*, Tübingen: Günter Narr.

Krüger, Ralph (2017): Neuronale maschinelle Übersetzung. Von Netzen und Vektoren, in: *MDÜ Fachzeitschrift für Dolmetscher und Übersetzer*, Bundesverband der Dolmetscher und Übersetzer e.V., Nr. 63 (1), S. 38–44.

Kutz, Wladimir (2010): *Dolmetschkompetenz. Was muss der Dolmetscher wissen und können? Band I*, München: European University Press.

Kutz, Wladimir (2012): *Dolmetschkompetenz. Was muss der Dolmetscher wissen und können? Band II*, München: European University Press.

Lommel, Arle / Burchardt, Aljoscha / Popovic, Maja / Harris, Kim (2014b): Using a New Analytic Measure for the Annotation and Analysis of MT Errors on Real Data, in: *Proceedings of the 17th Annual Conference of the European Association for Machine Translation*, Zagreb, Nr. 17, S. 165–172.

Lommel, Arle Richard / Burchardt, Aljoscha / Uszkoreit, Hans (2014a): Multidimensional Quality Metrics: A Flexible System for Assessing Translation Quality, in: *Tradumàtica: tecnologies de la traducció*, Nr. 12, S. 455–463.

Łopuszańska, Grażyna (2019): Maschinelle Übersetzung Grenzen und Möglichkeiten, in: *Linguistische Treffen in Wroclaw*, 2019, Nr. 15, S. 145–156.

Lübbersmann, Sascha (Hg.) (2004): *Alpmann Brockhaus – Fachlexikon Recht*, Münster: Alpmann Schmidt.

Mariana, Valerie / Cox, Troy / Melby, Alan (2015): The Multidimensional Quality Metrics (MQM) Framework: a new framework for translation quality assessment, in: *The Journal of Specialised Translation*, Nr. 23, S. 137–161.

Müller, Markus / Nguyen, Thai Son / Niehues, Jan/et al (2016): Lecture Translator Speech translation framework for simultaneous lecture translation, in: *Proceedings of NAACL-HLT 2016*, San Diego, California, S. 82–86.

Reiss, Katharina / Vermeer, Hans J. (1991): *Grundlegung einer allgemeinen Translationstheorie*, 2. Aufl., Tübingen: Max Niemeyer.

Reuter, Peter (2005): *Springer-Großwörterbuch Medizin. Deutsch–Englisch, English–German*, 2. Aufl., Berlin / Heidelberg, Springer.

Rütten, Anja (2007): *Informations- und Wissensmanagement im Konferenzdolmetschen*, Frankfurt am Main: Lang.

Schwanke, Martina (1991): *Maschinelle Übersetzung. Ein Überblick über Theorie und Praxis*, Berlin / Heidelberg / New York / London / Paris / Tokyo / Hong Kong / Barcelona / Budapest: Springer.

Stähler, Patrick / Evers, Jan (2019): Besser als Google, in: *brand eins Wirtschaftsmagazin*, Nr. 2, S. 30–31.

Tirry, Rudy (2019): 2019 Language Industry Survey. Expectations and Concerns of the European Language Industry, in: *European Union of Associations of Translation Companies*, Brüssel.

Tunn, Ralf (Hg.) / Hanzal, Engelbert (Hg.) / Perucchini, Daniele (Hg.) (2009): Urogynäkologie, in: *Praxis und Klinik*, 2. Aufl., Berlin, Walter de Gruyter.

Wagner, Emma / Bech, Svend / Martinez, Jésus (2014): *Translation for the European Union Institutions*, 2. Aufl., New York: Routledge.

Weichert, Thilo (2010): Cloud Computing und Datenschutz, in: *Datenschutz und Datensicherheit*, Springer, Nr. 34, S. 679–687.

Wilss, Wolfram (1985): Menschliche Übersetzung und maschinelle Übersetzung, in: *Lebende Sprachen*, De Gruyter, Nr. 30, S. 10–15.

Ziegler, Klaus (2011): Wie sichere ich meinen Lebensunterhalt als Konferenzdolmetscher? Vorläufige Schlussfolgerungen aus der AIIC-Arbeitsgruppe „Honorarstrukturen", 2011.

Internetquellen

Ambros, Michael (2020): Was sind personenbezogene Daten? [online] https://www.datenschutz.org/personenbezogene-daten/ [12.06.2020].

Berger, Daniel (2018): DeepL Pro: Neuer Aboservice für Profi-Übersetzer, Firmen und Entwickler, [online] https://www.heise.de/newsticker/meldung/DeepL-Pro-Neuer-Aboservice-fuer-Profi-Uebersetzer-Firmen-und-Entwickler-3998601.html [27.08.2019].

Berwanger, Jörg (2018a): Gesellschafterbeschluss, [online] https://wirtschaftslexikon.gabler.de/definition/gesellschafterbeschluss-33321/version-256848 [09.06.2020].

Berwanger, Jörg (2018b): Handelsregister. Definition: Was ist „Handelsregister"? [online] https://wirtschaftslexikon.gabler.de/definition/handelsregister-32553/version-256096 [09.06.2020].

Bibliographisches Institut GmbH (2020): Gegenstand, [online] https://www.duden.de/node/54522/revision/54558 [09.06.2020].

Bpb (2016): Eigenkapital eigene Mittel, (Haftungskapital), [online] https://www.bpb.de/nachschlagen/lexika/lexikon-der-wirtschaft/19139/eigenkapital [07.06.2020].

Bundesdatenschutzgesetz (2018): BDSG (neu) 2018, in: *intersoft consulting*, [online] https://dsgvo-gesetz.de/bdsg/ [09.10.2020]

DeepL GmbH (2019): DeepL, [online] https://www.deepl.com/translator [26.08.2019].

DeepL GmbH (2020): Über DeepL, [online] https://www.deepl.com/publisher.html [27.01.2020].

Drake, Aaron (2011): Alcor A-1556. Case Report, in: *Alcor Life Extension Foundation*, [online] https://alcor.org/Library/pdfs/casereportA1556PeterToma.pdf [06.06.2020].

Finsterbusch, Stephan (2017): Künstliche Intelligenz. Besser als Google, in: *Frankfurter Allgemeine Zeitung*, [online] https://www.faz.net/aktuell/wirtschaft/unternehmen/start-up-deepl-die-zukunft-der-uebersetzung-von-sprachen-15174164.html [27.08.2019].

Google Ireland Limited (2019): Google Translator, [online] https://translate.google.de/?sl=fr [26.08.2019]

Hemetsberger, Paul (Hg.) (2020b): Aufgabe. Business, in: *dict.cc*, [online] https://www.dict.cc/?s=business [07.06.2020].

Hemetsberger, Paul (Hg.) (2020c): eingetragener Sitz. registered office, in: *dict.cc*, [online] https://www.dict.cc/?s=eingetragener+Sitz [07.06.2020].

Hemetsberger, Paul (Hg.) (2020e): Gesellschafterbeschluss. shareholders' resolution, in: *dict.cc*, [online] https://www.dict.cc/?s=Gesellschafterbeschluss [07.06.2020].

Hemetsberger, Paul (Hg.) (2020f): Handelsregistereintragung. entry in the Commercial Register, in: *dict.cc*, [online] https://www.dict.cc/deutsch-englisch/Handelsregistereintragung.html [07.06.2020].

Hemetsberger, Paul (Hg.) (2020g): incorporated under the laws, in: *dict.cc*, [online] https://www.dict.cc/?s=incorporated+under+the+laws [07.06.2020].

Hemetsberger, Paul (Hg.) (2020l): Vertretungsbefugnis. power to represent, in: *dict.cc*, [online] https://www.dict.cc/?s=Vertretungsbefugnis [07.06.2020].

Jia, Ye / Weiss, Ron (2019): Introducing Translatotron. An End-to-End Speech-to-Speech Translation Model, in: *Google AI Blog*, [online] https://ai.googleblog.com/2019/05/introducing-translatotron-end-to-end.html [25.01.2020].

Lionbridge Marketing (Hg.) (2019): Neuronale maschinelle Übersetzung. Künstliche Intelligenz erleichtert die mehrsprachige Kommunikation, [online] https://firmenblog.lionbridge.com/neurale-maschinelle-uebersetzung-kuenstliche-intelligenz-in-der-mehrsprachigen-kommunikation/ [29.08.2019].

Lommel, Arle / Burchardt, Aljoscha / Görög, Attila / Uszkoreit, Hans / Melby, Alan (2015a): Multidimensional Quality Metrics (MQM) Issue Types, [online] http://www.qt21.eu/mqm-definition/issues-list-2015-12-30.html [27.02.2020].

Lommel, Arle / Burchardt, Aljoscha / Uszkoreit, Hans (2015b): Multidimensional Quality Metrics (MQM) Definition, [online] http://www.qt21.eu/mqm-definition/definition-2015-12-30.html#scoring [10.03.2020].

LTCA (2019): MQM Scoring Model [online] https: //www.tranquality.info/wp-content/uploads/2019/05/MQM-Scoring-Model-2019-05-10.pdf [10.05.2020].

Markgraf, Daniel (2020): RSS-Feed, in: *Gabler Wirtschaftslexikon*, [online] https://wirtschaftslexikon.gabler.de/definition/rss-feed-53722 [27.01.2020].

Mingels, Guido (2018): Wie es einem deutschen Unternehmen gelang, besser als Google zu sein, in: *Spiegel Wirtschaft*, [online] https://www.spiegel.de/plus/deepl-der-deutsche-unternehmer-ist-besser-als-google-a-00000000-0002-0001-0000-000157181383 [27.08.2019].

Och, Franz (2006): Statistical machine translation live, in: *Google AI Blog*, [online] https://ai.googleblog.com/2006/04/statistical-machine-translation-live.html [27.01.2020].

Schmidt, Gabriele (2020c): Befugnis erteilen. to authorize, in: *Langenscheidt*, [online] https://de.langenscheidt.com/deutsch-englisch/search?term=Befugnis+erteilen&q_cat=%2Fdeutsch-englisch%2F [07.06.2020].

Schmidt, Gabriele (2020f): Handelsregister. commercial register, in: *Langenscheidt*, [online] https://de.langenscheidt.com/deutsch-englisch/handelsregister [07.06.2020].

Schmidt, Gabriele (2020k): Sacheinlagen. contributions in kind, in: *Pons*, [online] https://de.pons.com/%C3%BCbersetzung/deutsch-englisch/Sacheinlage [02.08.2020].

SYSTRAN (2019): Free Online Translation Tools from SYSTRAN, in: *Systran*, [online] http://www.systran.de/lp/free-online-translation/ [27.01.2020].

SYSTRAN (2020): Sehen Sie sich 50 Jahre Innovation mit SYSTRAN an! in: *Systran*, [online] https://www.systransoft.com/de/systran/ [27.01.2020].

Vogt, Hans-Ueli (2020): Vertretungsbefugnis vs. Vertretungsmacht, in: *Universität Zürich*, [online] http://www.rwi.uzh.ch/static/elt/lst-vogt/gesellschaftsrecht/vertretung/de/html/handelngesellschaft_befugnisvsmacht.html [09.06.2020].

14 Anhang I

Im Anhang I der zur Veröffentlichung bestimmten Arbeit ist der ausgangssprachliche juristische Originaltext und die maschinell erstellte Übersetzung aufgeführt. Die vollständige Fehleranalyse nach dem MQM-Schema ist im Anhang II nachzuvollziehen.

14.1 AT Recht

Entwurf:
Notar
Leipzig

gö

An das
Amtsgericht Leipzig
-Registergericht-

Neueintragung
Firma: Ltd.
(Zweigniederlassung einer Gesellschaft mit beschränkter Haftung nach dem Recht von England und Wales)
Sitz der Zweigniederlassung:

Zur Eintragung in das Handelsregister wird angemeldet:

In Leipzig wurde eine Zweigniederlassung unter der Firma

Ltd.
(Zweigniederlassung einer Gesellschaft mit beschränkter Haftung nach dem Recht von England und Wales) errichtet.

I. Errichtende Gesellschaft:

Ltd. mit Sitz in .

Die errichtende Gesellschaft Ltd. ist eine Gesellschaft mit beschränkter Haftung nach englischem und walisischem Recht (private limited company by shares).

Eingetragener Sitz der Gesellschaft ist England und Wales.
Ihre Postanschrift lautet: , ,

Die Gesellschaft ist seit dem im Handelsregister für England und Wales (Companies House) in eingetragen unter der Firmennummer:

Das Haftungskapital beträgt 1 GBP.

Es ist geteilt in 1 Anteil á 1 GBP. Das Haftungskapital der Gesellschaft wurde vollständig in bar geleistet; Sacheinlagen wurden nicht vereinbart und geleistet.

Die Gesellschaft ist berechtigt, Zweigniederlassungen außerhalb des Vereinigten Königreiches zu gründen.

II. Zweigniederlassung

Die Firma der Zweigniederlassung in Deutschland lautet:

Ltd.
(Zweigniederlassung einer GmbH nach dem Recht von England und Wales).

Sitz der Zweigniederlassung ist
Geschäftsanschrift: -Str. .

Gegenstand dieser Zweigniederlassung: Instandhaltung von Flugzeugkomponenten.

III. Vertretungsbefugnis

Die abstrakte Vertretungsbefugnis der Gesellschaft lautet wie folgt:

Ist nur ein director bestellt, vertritt dieser die Gesellschaft allein, sind mehrere directors bestellt, wird die Gesellschaft durch diese gemeinsam vertreten. Die Gesellschaft kann durch Gesellschafterbeschluss einem oder mehreren Geschäftsführern die Befugnis erteilen, die Gesellschaft stets einzeln zu vertreten.

Geschäftsführer (director) der Gesellschaft sind:

-
-

14.2 ZT Recht

Draft:
Notary public

gö
Leipzig

To the
Local court Leipzig
-Registry Court-

New registration
Company: Ltd.
(Branch of a limited liability company incorporated under the laws of England and Wales)
Place of business:

An application for entry in the commercial register is being filed:

In Leipzig a branch office was established under the name

Ltd
(branch of a limited liability company under the law of England and Wales).

I. Establishing society:

Ltd. with registered office in .

The establishing company Ltd is a private limited company by shares under English and Welsh law.

The registered office of the company is in England and Wales.

Its postal address is:

The company has been registered in the Commercial Register for England and Wales (Companies House) in under company number: since

The guarantee capital is GBP 1.

It is divided into 1 share of GBP 1 each. The liability capital of the company was paid in full in cash; contributions in kind were not agreed and paid.

The Company is authorised to establish branches outside the United Kingdom.

II. Branch offices

The name of the branch office in Germany is

Ltd.

(Branch of a limited liability company incorporated under the laws of England and Wales).

The branch office is located in

Business address: Strasse ,

the object of that branch: Maintenance of aircraft components.

III. Power of representation

The abstract power of representation of the company is as follows:

If only one director has been appointed, he or she represents the company alone; if several directors have been appointed, the company is represented by them jointly. The Company may, by resolution of the shareholders, authorise one or more managing directors to represent the Company individually at all times.

are managing directors of the company:

-
-

15 Anhang II

In dem Analysekorpus ist die vollständige Nachbearbeitung der maschinell erstellten juristischen Übersetzung und die Einordnung der Fehler in die MQM-Fehlerkategorien nachvollziehbar. Fehler, die für einen Dolmetscher während seiner Arbeit nicht von Relevanz sind, wurden nicht beachtet.

Das Analysekorpus des juristischen Texts ist tabellarisch dargestellt. Jeder Satz ist als einzelnes Segment innerhalb der Tabelle aufgeführt. Jedes Segment enthält einen ausgangssprachlichen Satz und die entsprechende maschinelle Ausgabe, hierdurch ist ein direkter Vergleich möglich. Unterhalb der maschinellen Ausgabe folgt die Auflistung der Fehler im Fettdruck. Jeder Fehler wurde nach dem im Kapitel 7.1 erläuterten MQM-Schema kategorisiert. Nach der Kategorisierung ist jeder Fehler mit einem Wert, wie in Kapitel 7.2 beschrieben, versehen. Dieser ist in eckigen Klammern angegeben. Demnach steht [m] für einen geringfügigen Fehler, [M] für einen gröberen Fehler und [c] für einen kritischen Fehler.

15.1 Analysekorpus zum juristischen Text „Firmenneueintragung Notar"

Zum Schutz der personenbezogenen Daten beteiligter Parteien wurden empfindliche Stellen des Textes geschwärzt. Dies hat keine Auswirkungen auf die Bewertung der Übersetzung.

Segment	Text	
1	AT	Entwurf: Notar ███ Ltd. – BOS ███ gö ███ Leipzig
	MÜ	Draft: Notary public ███ Ltd. – BOS ███ gö ███ Leipzig
2	AT	An das Amtsgericht Leipzig -Registergericht-
	MÜ	To the ~~Local court~~ Amtsgericht Leipzig -Registry Court- **Local court Leipzig:** →Genauigkeit→Fehlübersetzung→Eigenname [m]
3	AT	**Neueintragung** **Firma: ███ Ltd.** **(Zweigniederlassung einer Gesellschaft mit beschränkter Haftung nach dem Recht von England und Wales)** **Sitz der Zweigniederlassung: ███**
	MÜ	~~New registration~~ Entry **Company: ███ Ltd.** **(Branch of a limited liability company incorporated under the laws of England and Wales)** **Place of business: ███** **New registration**: →Genauigkeit→Fehlübersetzung→mehrdeutige Übersetzung [m]

Segment	Text	
4	AT	Zur Eintragung in das Handelsregister wird angemeldet:
	MÜ	~~An a~~Application for entry into the commercial register ~~is being filed~~: **An application for entry in […] is being filed:** →Stil→umständlich [m] **in**: →Lesefluss→Grammatik→Funktionswort [m]
5	AT	In Leipzig wurde eine Zweigniederlassung unter der Firma
	MÜ	In Leipzig a branch office was established under the name
6	AT	███ Ltd. (Zweigniederlassung einer Gesellschaft mit beschränkter Haftung nach dem Recht von England und Wales) errichtet.
	MÜ	███ Ltd (branch of a limited liability company under the law of England and Wales).
7	AT	**I. Errichtende Gesellschaft:**
	MÜ	**I. Establishing society:**
8	AT	███ Ltd. Mit Sitz in ███, ███.
	MÜ	███ Ltd. with registered office in ███, ███.
9	AT	Die errichtende Gesellschaft ███ Ltd. Ist eine Gesellschaft mit beschränkter Haftung nach englischem und walisischem Recht (private limited company by shares).
	MÜ	The establishing company ███ Ltd is a private limited company by shares under English and Welsh law.
10	AT	Eingetragener Sitz der Gesellschaft ist England und Wales.
	MÜ	The registered office of the company is in England and Wales.
11	AT	Ihre Postanschrift lautet: ███ ███.
	MÜ	~~Its~~ The postal address is: ███ ███. **Its**: →Stil→umständlich [m]

Segment	Text	
12	AT	Die Gesellschaft ist seit dem ███ im Handelsregister für England und Wales (Companies House) in ███ eingetragen unter der Firmennummer: ███.
	MÜ	The company has been registered in the Commercial Register for England and Wales (Companies House) in ███ under company number: ███ since ███.
13	AT	Das Haftungskapital beträgt 1 GBP.
	MÜ	The ~~guarantee capital~~ equity is GBP 1. **guarantee capital**: →Terminologie→Fachterminologie [c]
14	AT	Es ist geteilt in 1 Anteil á 1 GBP.
	MÜ	It is divided into 1 share of GBP 1 each.
15	AT	Das Haftungskapital der Gesellschaft wurde vollständig in bar geleistet; Sacheinlagen wurden nicht vereinbart und geleistet.
	MÜ	The ~~liability capital~~ equity of the company was paid in full in cash; contributions in kind were not agreed ~~and~~ or paid. **liability capital:** →Terminologie→inkonsistente Terminologie→unterschied. Übersetzung d. gleichen Begriffs [c] **and**: →Genauigkeit→Fehlübersetzung→mehrdeutige Übersetzung [M]
16	AT	Die Gesellschaft ist berechtigt, Zweigniederlassungen außerhalb des Vereinigten Königreichs zu gründen.
	MÜ	The Company is authorised to establish branches outside the United Kingdom.
17	AT	**II. Zweigniederlassungen**
	MÜ	**II. Branch offices**
18	AT	Die Firma der Zweigniederlassung in Deutschland lautet:
	MÜ	The name of the branch office in Germany is

Segment	Text	
19	AT	██████ **Ltd.** (Zweigniederlassung einer GmbH nach dem Recht von England und Wales).
	MÜ	██████ **Ltd.** (Branch of a limited liability company incorporated under the laws of England and Wales).
20	AT	Sitz der Zweigniederlassung ist ████.
	MÜ	The branch office is located in ████.
21	AT	Geschäftsanschrift: ██-Witwer-Str. █, ██████.
	MÜ	~~Business~~ Registered address: ██ ~~Widower~~ -Witwer-Strasse █, ███ ████. **Business** (address): →Wirklichkeitsbezug→rechtliche Anforderungen [m] **Widower**: →Genauigkeit→Fehlübersetzung→Eigenname [c]
22	AT	Gegenstand dieser Zweigniederlassung: Instandhaltung von Flugzeugkomponenten.
	MÜ	~~the object of that branch~~ Business: Maintenance of aircraft components. **the object of that branch**: →Genauigkeit→Fehlübersetzung→übermäßig wortgetreu [M]
23	AT	**III. Vertretungsbefugnis**
	MÜ	**III. Power of representation**
24	AT	Die abstrakte Vertretungsbefugnis der Gesellschaft lautet wie folgt:
	MÜ	The abstract power of representation of the company is as follows:

Seg-ment	Text	
25	AT	Ist nur ein director bestellt, vertritt dieser die Gesellschaft allein, sind mehrere directors bestellt, wird die Gesellschaft durch diese gemeinsam vertreten.
	MÜ	If only one director has been appointed, he or she represents the company alone; if several directors have been appointed, the company is represented by them jointly.
26	AT	Die Gesellschaft kann durch Gesellschafterbeschluss einem oder mehreren Geschäftsführern die Befugnis erteilen, die Gesellschaft stets einzeln zu vertreten.
	MÜ	The Company may, by resolution of the shareholders, authorise one or more managing directors to represent the Company individually at all times.
27	AT	Geschäftsführer (director) der Gesellschaft sind:
	MÜ	~~are m~~Managing directors of the company: **are m**: →Lesefluss→Grammatik→Satzstellung [M]
28	AT	
	MÜ	

Seg-ment	Text	
29	AT	[illegible]
	MÜ	[illegible]

TRANSÜD. Arbeiten zur Theorie und Praxis des Übersetzens und Dolmetschens

Die Bände 1 bis 5 sind bei der Peter Lang GmbH erschienen und dort zu beziehen.

Bd. 6 Przemysław Chojnowski: Zur Strategie und Poetik des Übersetzens. Eine Untersuchung der Anthologien zur polnischen Lyrik von Karl Dedecius. 300 Seiten. ISBN 978-3-86596-013-9

Bd. 7 Belén Santana López: Wie wird *das Komische* übersetzt? *Das Komische* als Kulturspezifikum bei der Übersetzung spanischer Gegenwartsliteratur. 456 Seiten. ISBN 978-3-86596-006-1

Bd. 8 Larisa Schippel (Hg.): Übersetzungsqualität: Kritik – Kriterien – Bewertungshandeln. 194 Seiten. ISBN 978-3-86596-075-7

Bd. 9 Anne-Kathrin D. Ende: Dolmetschen im Kommunikationsmarkt. Gezeigt am Beispiel Sachsen. 228 Seiten. ISBN 978-3-86596-073-3

Bd. 10 Sigrun Döring: Kulturspezifika im Film: Probleme ihrer Translation. 156 Seiten. ISBN 978-3-86596-100-6

Bd. 11 Hartwig Kalverkämper: „Textqualität". Die Evaluation von Kommunikationsprozessen seit der antiken Rhetorik bis zur Translationswissenschaft. ISBN 978-3-86596-110-5

Bd. 12 Yvonne Griesel: Die Inszenierung als Translat. Möglichkeiten und Grenzen der Theaterübertitelung. 362 Seiten. ISBN 978-3-86596-119-8

Bd. 13 Hans J. Vermeer: Ausgewählte Vorträge zur Translation und anderen Themen. Selected Papers on Translation and other Subjects. 286 Seiten. ISBN 978-3-86596-145-7

Bd. 14 Erich Prunč: Entwicklungslinien der Translationswissenschaft. Von den Asymmetrien der Sprachen zu den Asymmetrien der Macht. 442 Seiten. ISBN 978-3-86596-146-4 (vergriffen, siehe Band 43 der Reihe)

Bd. 15 Valentyna Ostapenko: Vernetzung von Fachtextsorten. Textsorten der Normung in der technischen Harmonisierung. 128 Seiten. ISBN 978-3-86596-155-6

Bd. 16 Larisa Schippel (Hg.): TRANSLATIONSKULTUR – ein innovatives und produktives Konzept. 340 Seiten. ISBN 978-3-86596-158-7

Bd. 17 Hartwig Kalverkämper/Larisa Schippel (Hg.): Simultandolmetschen in Erstbewährung: Der Nürnberger Prozess 1945. Mit einer orientierenden Einführung von Klaus Kastner und einer kommentierten fotografischen Dokumentation von Theodoros Radisoglou sowie mit einer dolmetsch-wissenschaftlichen Analyse von Katrin Rumprecht. 344 Seiten. ISBN 978-3-86596-161-7

TRANSÜD. Arbeiten zur Theorie und Praxis des Übersetzens und Dolmetschens

Bd. 18 Regina Bouchehri: Filmtitel im interkulturellen Transfer. 174 Seiten. ISBN 978-3-86596-180-8

Bd. 19 Michael Krenz/Markus Ramlow: Maschinelle Übersetzung und XML im Übersetzungsprozess. Prozesse der Translation und Lokalisierung im Wandel. Zwei Beiträge, hg. von Uta Seewald-Heeg. 368 Seiten. ISBN 978-3-86596-184-6

Bd. 20 Hartwig Kalverkämper/Larisa Schippel (Hg.): Translation zwischen Text und Welt – Translationswissenschaft als historische Disziplin zwischen Moderne und Zukunft. 700 Seiten. ISBN 978-3-86596-202-7

Bd. 21 Nadja Grbić/Sonja Pöllabauer: Kommunaldolmetschen/Community Interpreting. Probleme – Perspektiven – Potenziale. Forschungsbeiträge aus Österreich. 380 Seiten. ISBN 978-3-86596-194-5

Bd. 22 Agnès Welu: Neuübersetzungen ins Französische – eine kulturhistorische Übersetzungskritik. Eichendorffs *Aus dem Leben eines Taugenichts*. 506 Seiten. ISBN 978-3-86596-193-8

Bd. 23 Martin Slawek: Interkulturell kompetente Geschäftskorrespondenz als Garant für den Geschäftserfolg. Linguistische Analysen und fachkommunikative Ratschläge für die Geschäftsbeziehungen nach Lateinamerika (Kolumbien). 206 Seiten. ISBN 978-3-86596-206-5

Bd. 24 Julia Richter: Kohärenz und Übersetzungskritik. Lucian Boias Analyse des rumänischen Geschichtsdiskurses in deutscher Übersetzung. 142 Seiten. ISBN 978-3-86596-221-8

Bd. 25 Anna Kucharska: Simultandolmetschen in defizitären Situationen. Strategien der translatorischen Optimierung. 170 Seiten. ISBN 978-3-86596-244-7

Bd. 26 Katarzyna Lukas: Das Weltbild und die literarische Konvention als Übersetzungsdeterminanten. Adam Mickiewicz in deutschsprachigen Übertragungen. 402 Seiten. ISBN 978-3-86596-238-6

Bd. 27 Markus Ramlow: Die maschinelle Simulierbarkeit des Humanübersetzens. Evaluation von Mensch-Maschine-Interaktion und der Translatqualität der Technik. 364 Seiten. ISBN 978-3-86596-260-7

Bd. 28 Ruth Levin: Der Beitrag des Prager Strukturalismus zur Translationswissenschaft. Linguistik und Semiotik der literarischen Übersetzung. 154 Seiten. ISBN 978-3-86596-262-1

Bd. 29 Iris Holl: Textología contrastiva, derecho comparado y traducción jurídica. Las sentencias de divorcio alemanas y españolas. 526 Seiten. ISBN 978-3-86596-324-6

TRANSÜD. Arbeiten zur Theorie und Praxis des Übersetzens und Dolmetschens

Bd. 30 Christina Korak: Remote Interpreting via Skype. Anwendungsmöglichkeiten von VoIP-Software im Bereich Community Interpreting – Communicate everywhere? 202 Seiten. ISBN 978-3-86596-318-5

Bd. 31 Gemma Andújar/Jenny Brumme (eds.): Construir, deconstruir y reconstruir. Mímesis y traducción de la oralidad y la afectividad. 224 Seiten. ISBN 978-3-86596-234-8

Bd. 32 Christiane Nord: Funktionsgerechtigkeit und Loyalität. Theorie, Methode und Didaktik des funktionalen Übersetzens. 338 Seiten. ISBN 978-3-86596-330-7

Bd. 33 Christiane Nord: Funktionsgerechtigkeit und Loyalität. Die Übersetzung literarischer und religiöser Texte aus funktionaler Sicht. 304 Seiten. ISBN 978-3-86596-331-4

Bd. 34 Małgorzata Stanek: Dolmetschen bei der Polizei. Zur Problematik des Einsatzes unqualifizierter Dolmetscher. 262 Seiten. ISBN 978-3-86596-332-1

Bd. 35 Dorota Karolina Bereza: Die Neuübersetzung. Eine Hinführung zur Dynamik literarischer Translationskultur. 108 Seiten. ISBN 978-3-86596-255-3

Bd. 36 Montserrat Cunillera/Hildegard Resinger (eds.): Implicación emocional y oralidad en la traducción literaria. 230 Seiten. ISBN 978-3-86596-339-0

Bd. 37 Ewa Krauss: Roman Ingardens „Schematisierte Ansichten" und das Problem der Übersetzung. 226 Seiten. ISBN 978-3-86596-315-4

Bd. 38 Miriam Leibbrand: Grundlagen einer hermeneutischen Dolmetschforschung. 324 Seiten. ISBN 978-3-86596-343-7

Bd. 39 Pekka Kujamäki/Leena Kolehmainen/Esa Penttilä/Hannu Kemppanen (eds.): Beyond Borders – Translations Moving Languages, Literatures and Cultures. 272 Seiten. ISBN 978-3-86596-356-7

Bd. 40 Gisela Thome: Übersetzen als interlinguales und interkulturelles Sprachhandeln. Theorien – Methodologie – Ausbildung. 622 Seiten. ISBN 978-3-86596-352-9

Bd. 41 Radegundis Stolze: The Translator's Approach – Introduction to Translational Hermeneutics. Theory and Examples from Practice. 304 Seiten. ISBN 978-3-86596-373-4

Bd. 42 Silvia Roiss/Carlos Fortea Gil/María Ángeles Recio Ariza/Belén Santana López/Petra Zimmermann González/Iris Holl (eds.): En las vertientes de la traducción e interpretación del/al alemán. 582 Seiten. ISBN 978-3-86596-326-0

Frank & Timme

TransÜD. Arbeiten zur Theorie und Praxis des Übersetzens und Dolmetschens

Bd. 43 Erich Prunč: Entwicklungslinien der Translationswissenschaft. 3., erweiterte und verbesserte Auflage (1. Aufl. 2007. ISBN 978-3-86596-146-4). 528 Seiten. ISBN 978-3-86596-422-9

Bd. 44 Mehmet Tahir Öncü: Die Rechtsübersetzung im Spannungsfeld von Rechtsvergleich und Rechtssprachvergleich. Zur deutschen und türkischen Strafgesetzgebung. 380 Seiten. ISBN 978-3-86596-424-3

Bd. 45 Hartwig Kalverkämper/Larisa Schippel (Hg.): „Vom Altern der Texte". Bausteine für eine Geschichte des interkulturellen Wissenstransfers. 456 Seiten. ISBN 978-3-86596-251-5

Bd. 46 Hannu Kemppanen/Marja Jänis/Alexandra Belikova (eds.): Domestication and Foreignization in Translation Studies. 240 Seiten. 978-3-86596-470-0

Bd. 47 Sergey Tyulenev: Translation and the Westernization of Eighteenth-Century Russia. A Social-Systemic Perspective. 272 Seiten. ISBN 978-3-86596-472-4

Bd. 48 Martin B. Fischer/Maria Wirf Naro (eds.): Translating Fictional Dialogue for Children and Young People. 422 Seiten. ISBN 978-3-86596-467-0

Bd. 49 Martina Behr: Evaluation und Stimmung. Ein neuer Blick auf Qualität im (Simultan-)Dolmetschen. 356 Seiten. ISBN 978-3-86596-485-4

Bd. 50 Anna Gopenko: Traduire le sublime. Les débats de l'Église orthodoxe russe sur la langue liturgique. 228 Seiten. ISBN 978-3-86596-486-1

Bd. 51 Lavinia Heller: Translationswissenschaftliche Begriffsbildung und das Problem der performativen Unauffälligkeit von Translation. 332 Seiten. ISBN 978-3-86596-470-0

Bd. 52 Claudia Dathe/Renata Makarska/Schamma Schahadat (Hg.): Zwischentexte. Literarisches Übersetzen in Theorie und Praxis. 300 Seiten. ISBN 978-3-86596-442-7

Bd. 53 Regina Bouchehri: Translation von Medien-Titeln. Der interkulturelle Transfer von Titeln in Literatur, Theater, Film und Bildender Kunst. 334 Seiten. ISBN 978-3-86596-400-7

Bd. 54 Nilgin Tanış Polat: Raum im (Hör-)Film. Zur Wahrnehmung und Repräsentation von räumlichen Informationen in deutschen und türkischen Audiodeskriptionstexten. 138 Seiten. ISBN 978-3-86596-508-0

Bd. 55 Eva Parra Membrives/Ángeles García Calderón (eds.): Traducción, mediación, adaptación. Reflexiones en torno al proceso de comunicación entre culturas. 336 Seiten. ISBN 978-3-86596-499-1

TRANSÜD. Arbeiten zur Theorie und Praxis des Übersetzens und Dolmetschens

Bd. 56 Yvonne Sanz López: Videospiele übersetzen – Probleme und Optimierung. 126 Seiten. ISBN 978-3-86596-541-7

Bd. 57 Irina Bondas: Theaterdolmetschen – Phänomen, Funktionen, Perspektiven. 240 Seiten. ISBN 978-3-86596-540-0

Bd. 58 Dinah Krenzler-Behm: Authentische Aufträge in der Übersetzerausbildung. Ein Leitfaden für die Translationsdidaktik. 480 Seiten. ISBN 978-3-86596-498-4

Bd. 59 Anne-Kathrin Ende/Susann Herold/Annette Weilandt (Hg.): Alles hängt mit allem zusammen. Translatologische Interdependenzen. Festschrift für Peter A. Schmitt. 544 Seiten. ISBN 978-3-86596-504-2

Bd. 60 Saskia Weber: Kurz- und Kosenamen in russischen Romanen und ihre deutschen Übersetzungen. 256 Seiten. ISBN 978-3-7329-0002-2

Bd. 61 Silke Jansen/Martina Schrader-Kniffki (eds.): La traducción a través de los tiempos, espacios y disciplinas. 366 Seiten. ISBN 978-3-86596-524-0

Bd. 62 Annika Schmidt-Glenewinkel: Kinder als Dolmetscher in der Arzt-Patienten-Interaktion. 130 Seiten. ISBN 978-3-7329-0010-7

Bd. 63 Klaus-Dieter Baumann/Hartwig Kalverkämper (Hg.): Theorie und Praxis des Dolmetschens und Übersetzens in fachlichen Kontexten. 756 Seiten. ISBN 978-3-7329-0016-9

Bd. 64 Silvia Ruzzenenti: «Präzise, doch ungenau» – Tradurre il saggio. Un approccio olistico al *poetischer Essay* di Durs Grünbein. 406 Seiten. ISBN 978-3-7329-0026-8

Bd. 65 Margarita Zoe Giannoutsou: Kirchendolmetschen – Interpretieren oder Transformieren? 498 Seiten mit CD. ISBN 978-3-7329-0067-1

Bd. 66 Andreas F. Kelletat/Aleksey Tashinskiy (Hg.): Übersetzer als Entdecker. Ihr Leben und Werk als Gegenstand translationswissenschaftlicher und literaturgeschichtlicher Forschung. 376 Seiten. ISBN 978-3-7329-0060-2

Bd. 67 Ulrike Spieler: Übersetzer zwischen Identität, Professionalität und Kulturalität: Heinrich Enrique Beck. 340 Seiten. ISBN 978-3-7329-0107-4

Bd. 68 Carmen Klaus: Translationsqualität und Crowdsourced Translation. Untertitelung und ihre Bewertung – am Beispiel des audiovisuellen Mediums *TEDTalk*. 180 Seiten. ISBN 979-3-7329-0031-1

Bd. 69 Susanne J. Jekat/Heike Elisabeth Jüngst/Klaus Schubert/Claudia Villiger (Hg.): Sprache barrierefrei gestalten. Perspektiven aus der Angewandten Linguistik. 276 Seiten. ISBN 978-3-7329-0023-7

TRANSÜD. Arbeiten zur Theorie und Praxis des Übersetzens und Dolmetschens

Bd. 70 Radegundis Stolze: Hermeneutische Übersetzungskompetenz. Grundlagen und Didaktik. 402 Seiten. ISBN 978-3-7329-0122-7

Bd. 71 María Teresa Sánchez Nieto (ed.): Corpus-based Translation and Interpreting Studies: From description to application / Estudios traductológicos basados en corpus: de la descripción a la aplicación. 268 Seiten. ISBN 978-3-7329-0084-8

Bd. 72 Karin Maksymski/Silke Gutermuth/Silvia Hansen-Schirra (eds.): Translation and Comprehensibility. 296 Seiten. ISBN 978-3-7329-0022-0

Bd. 73 Hildegard Spraul: Landeskunde Russland für Übersetzer. Sprache und Werte im Wandel. Ein Studienbuch. 360 Seiten. ISBN 978-3-7329-0109-8

Bd. 74 Ralph Krüger: The Interface between Scientific and Technical Translation Studies and Cognitive Linguistics. With Particular Emphasis on Explicitation and Implicitation as Indicators of Translational Text-Context Interaction. 482 Seiten. ISBN 978-3-7329-0136-4

Bd. 75 Erin Boggs: Interpreting U.S. Public Diplomacy Speeches. 154 Seiten. ISBN 978-3-7329-0150-0

Bd. 76 Nathalie Mälzer (Hg.): Comics – Übersetzungen und Adaptionen. 404 Seiten. ISBN 978-3-7329-0131-9

Bd. 77 Sophie Beese: Das (zweite) andere Geschlecht – der Diskurs „Frau" im Wandel. Simone de Beauvoirs *Le deuxième sexe* in deutscher Erst- und Neuübersetzung. 264 Seiten. ISBN 978-3-7329-0141-8

Bd. 78 Xenia Wenzel: Die Übersetzbarkeit philosophischer Diskurse. Eine Übersetzungskritik an den beiden englischen Übersetzungen von Heideggers *Sein und Zeit*. 162 Seiten. ISBN 978-3-7329-0199-9

Bd. 79 María-José Varela Salinas/Bernd Meyer (eds.): Translating and Interpreting Healthcare Discourses/Traducir e interpretar en el ámbito sanitario. 266 Seiten. ISBN 978-3-86596-367-3

Bd. 80 Susanne Hagemann: Einführung in das translationswissenschaftliche Arbeiten. Ein Lehr- und Übungsbuch. 360 Seiten. ISBN 978-3-7329-0125-8

Bd. 81 Anja Maibaum: Spielfilm-Synchronisation. Eine translationskritische Analyse am Beispiel amerikanischer Historienfilme über den Zweiten Weltkrieg. 144 Seiten mit CD. ISBN 978-3-7329-0220-0

Bd. 82 Sybille Schellheimer: La función evocadora de la fraseología en la oralidad ficcional y su traducción. 356 Seiten. ISBN 978-3-7329-0232-3

TRANSÜD. Arbeiten zur Theorie und Praxis des Übersetzens und Dolmetschens

Bd. 83 Franziska Heidrich: Kommunikationsoptimierung im Fachübersetzungsprozess. 276 Seiten. ISBN 978-3-7329-0262-0

Bd. 84 Cristina Plaza Lara: Integración de la competencia instrumental-profesional en el aula de traducción. 222 Seiten mit CD. ISBN 978-3-7329-0309-2

Bd. 85 Andreas F. Kelletat/Aleksey Tashinskiy/Julija Boguna (Hg.): Übersetzerforschung. Neue Beiträge zur Literatur- und Kulturgeschichte des Übersetzens. 366 Seiten. ISBN 978-3-7329-0234-7

Bd. 86 Heidrun Witte: Blickwechsel. Interkulturelle Wahrnehmung im translatorischen Handeln. 274 Seiten. ISBN 978-3-7329-0333-7

Bd. 87 Susanne Hagemann/Julia Neu/Stephan Walter (Hg.): Translationslehre und Bologna-Prozess: Unterwegs zwischen Einheit und Vielfalt / Translation/Interpreting Teaching and the Bologna Process: Pathways between Unity and Diversity. 434 Seiten. ISBN 978-3-7329-0311-5

Bd. 88 Ursula Wienen/Laura Sergo/Tinka Reichmann/Ivonne Gutiérrez Aristizábal (Hg.): Translation und Ökonomie. 274 Seiten. ISBN 978-3-7329-0203-3

Bd. 89 Daniela Eichmeyer: Luftqualität in Dolmetschkabinen als Einflussfaktor auf die Dolmetschqualität. Interdisziplinäre Erkenntnisse und translationspraktische Konsequenzen. 144 Seiten. ISBN 978-3-7329-0362-7

Bd. 90 Alexander Künzli: Die Untertitelung – von der Produktion zur Rezeption. 264 Seiten. ISBN 978-3-7329-0393-1

Bd. 91 Christiane Nord: Traducir, una actividad con propósito. Introducción a los enfoques funcionalistas. 228 Seiten. ISBN 978-3-7329-0410-5

Bd. 92 Fabjan Hafner/Wolfgang Pöckl (Hg.): „... übersetzt von Peter Handke" – Philologische und translationswissenschaftliche Analysen. 294 Seiten. ISBN 978-3-7329-0443-3

Bd. 93 Elisabeth Gibbels: Lexikon der deutschen Übersetzerinnen 1200–1850. 216 Seiten. ISBN 978-3-7329-0422-8

Bd. 94 Encarnación Postigo Pinazo: Optimización de las competencias del traductor e intérprete. Nuevas tecnologías – procesos cognitivos – estrategias. 194 Seiten. ISBN 978-3-7329-0392-4

Bd. 95 Marta Estévez Grossi: Lingüística Migratoria e Interpretación en los Servicios Públicos. La comunidad gallega en Alemania. 574 Seiten. ISBN 978-3-7329-0411-2

TRANSÜD. Arbeiten zur Theorie und Praxis des Übersetzens und Dolmetschens

Bd. 96 Ivana Havelka: Videodolmetschen im Gesundheitswesen. Dolmetschwissenschaftliche Untersuchung eines österreichischen Pilotprojektes. 346 Seiten. ISBN 978-3-7329-0490-7

Bd. 97 Maria Mushchinina (Hg.): Formate der Translation. 340 Seiten. ISBN 978-3-7329-0506-5

Bd. 98 Zehra Gülmüş: Übersetzungsverfahren beim literarischen Übersetzen. Ahmet Hamdi Tanpınars Roman „Das Uhrenstellinstitut“. 196 Seiten. ISBN 978-3-7329-0498-3

Bd. 99 Peter Sandrini: Translationspolitik für Regional- oder Minderheitensprachen. Unter besonderer Berücksichtigung einer Strategie der Offenheit. 524 Seiten. ISBN 978-3-7329-0513-3

Bd. 100 Aleksey Tashinskiy/Julija Boguna (Hg.): Das WIE des Übersetzens. Beiträge zur historischen Übersetzerforschung. 248 Seiten. ISBN 978-3-7329-0536-2

Bd. 101 Heike Elisabeth Jüngst/Lisa Link/Klaus Schubert/Christiane Zehrer (eds.): Challenging Boundaries. New Approaches to Specialized Communication. 228 Seiten. ISBN 978-3-7329-0524-9

Bd. 102 Chuan Ding: „Peterchens Mondfahrt“ in chinesischer Übersetzung. Eine Kritik. 124 Seiten. ISBN 978-3-7329-0528-7

Bd. 103 Changgun Kim: Übersetzen von Videospieltexten. Nekrotexte lesen und übersetzen. 164 Seiten. ISBN 978-3-7329-0379-5

Bd. 104 Guntars Dreijers/Agnese Dubova/Jānis Veckrācis (eds.): Bridging Languages and Cultures. Linguistics, Translation Studies and Intercultural Communication. 338 Seiten. ISBN 978-3-7329-0429-7

Bd. 105 Madeleine Schnierer: Qualitätssicherung. Die Praxis der Übersetzungsrevision im Zusammenhang mit EN 15038 und ISO 17100. 286 Seiten. ISBN 978-3-7329-0539-3

Bd. 106 Lavinia Heller/Tomasz Rozmysłowicz (Hg.): Translation und Interkulturelle Kommunikation / Translation and Intercultural Communication. Beiträge zur Theorie, Empirie und Praxis kultureller Austauschprozesse / Theoretical, Empirical and Practical Perspectives on Cultural Exchanges. 178 Seiten. ISBN 978-3-7329-0351-1

Bd. 107 Brita Dorer: Advance Translation as a Means of Improving Source Questionnaire Translatability? Findings from a Think-Aloud Study for French and German. 554 Seiten. ISBN 978-3-7329-0594-2

Bd. 108 Annegret Sturm: Theory of Mind in Translation. 334 Seiten. ISBN 978-3-7329-0492-1

TransÜD. Arbeiten zur Theorie und Praxis des Übersetzens und Dolmetschens

Bd. 109 Akkad Alhussein: Vom Zieltext zum Ausgangstext. Das Problem der retroflexen Wirksamkeit der Translation. 290 Seiten. ISBN 978-3-7329-0679-6

Bd. 110 Ursula Stachl-Peier/Eveline Schwarz (Hg./eds.): Ressourcen und Instrumente der translationsrelevanten Hochschuldidaktik / Resources and Tools for T&I Education. Lehrkonzepte, Forschungsberichte, Best-Practice-Modelle / Research Studies, Teaching Concepts, Best-Practice Results. 308 Seiten. ISBN 978-3-7329-0685-7

Bd. 111 Guntars Dreijers/Jānis Sīlis/Silga Sviķe/Jānis Veckrācis (eds.): Bridging Languages and Cultures II. Linguistics, Translation Studies and Intercultural Communication. 258 Seiten. ISBN 978-3-7329-0705-2

Bd. 112 Anu Viljanmaa: Professionelle Zuhörkompetenz und Zuhörfilter beim Dialogdolmetschen. 580 Seiten. ISBN 978-3-7329-0719-9

Bd. 113 Johan Franzon/Annjo K. Greenall/Sigmund Kvam/Anastasia Parianou (eds.): Song Translation: Lyrics in Contexts. 498 Seiten. ISBN 978-3-7329-0656-7

Bd. 114 Anna Wegener: Karin Michaëlis' *Bibi* books. Producing, Rewriting, Reading and Continuing a Children's Fiction Series, 1927–1953. 400 Seiten. ISBN 978-3-7329-0588-1

Bd. 115 Gesa Büttner: Dolmetschvorbereitung digital. Professionelles Dolmetschen und DeepL. 130 Seiten. ISBN 978-3-7329-0750-2

Frank & Timme